KB218348

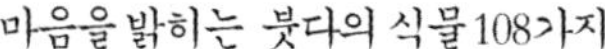

마음을 밝히는 붓다의 식물 108가지

마음을 밝히는 붓다의 식물 108가지

불교 경전 속 식물이야기

민태영 지음

운주사

머리말

우리가 경전 속에 있는 식물들을 알아야 하는 이유는 무엇인가? 그 식물들이 우리에게 던지는 의미는 무엇인가? 생태적인 측면에서의 식물은 생산자로서 인간의 생명과 직접적인 관계가 있으며, 실용적인 측면에서는 부와 행복, 안정과 권위, 권력 등과 깊은 관련을 갖는다.

식물은 인간의 생존에 절대 필요한 존재로서, 인간의 삶을 윤택하고 편하게 만들어 주는 존재이며, 마음을 정화시킬 수 있는 아름다운 경관 또한 제공해 주고 있다.

식물은 또한 제철이 되면 새싹을 틔우고 꽃을 피우며 열매를 맺음으로써 자신의 본분을 잊지 않는 정직함으로 인간의 삶에 방향을 제시하고 의미를 갖게 하는 인도자로서의 역할을 수행하기도 한다.

불교 경전 속에 등장하는 다양한 식물들은 부처님과 그 이전 부처님의 시대로부터 지금에 이르기까지 수행과 가르침의 현장에서 함께 하며 불교가 추구하는 메시지를 전하는 전령사이자 매개체로서의 역할을 해왔다.

이 책은 불교라는 종교의 태동과 완성의 현장에 함께 있었고, 지금도 함께 하고 있는 식물들에 대한 이야기로서, 단순히 '식물'의 이야기가 아닌, '불교 교리의 대변자로서의 식물'의 역할에 대한 이야기이다.

이 책을 펴낸 목적은, 첫째로 오랜 기간 연구한 불교학과 식물학을 기초로 하여 경전 속에 들어 있는 식물들의 실체를 밝혀 경전의 의미와 진리를 열어 나가려는 데 있다. 왜냐하면 경전 속에서 식물은 크게는 교리를 상징적으로 드러내고 강조하는 역할을 하거나, 작게는 교리가 펼쳐지는 장에서 단순한 수식과 묘사의 기재로 활용되는 등 다양한 모습으로 불교와 부처님의 말씀, 교리를 대변하고 있기 때문이다. 즉 단순히 식물의 존재 자체에 대한 이야기에서 그치지 않고, 그 식물의 인용과 묘사가 갖는 의미를 통해 교리를 쉽게 이해할 수 있는 또 하나의 도구로 활용되었으면 하는 바람에서이다.

둘째로 경전 속의 식물들을 현대 기초과학적 학문으로 접근하여 식물명을 밝혀내고자 함이다. 바른 국명과 학명을 밝혀냄으로써 해당 식물이 현실적으로 피부에 와 닿을 수 있고, 생활 속에서도 이용 가능한 열대 식물 자원의 기초 자료로써 활용할 수 있기 때문이다.

한편, 이야기의 전개에 있어서 인도 철학과 힌두 신화의 영역도 함께 다루었는데, 이들이 당시 인도인들의 생활상과 함께 불교의 태동을 이해하는 데 꼭 필요한 복합 요소로 작용하기 때문이다.

무엇보다도 이 연구가 지속적으로 진행되고 있는 상황이긴 하지만, 가능한 한 해당 식물이 등장하는 경전을 명시해 직접 찾아볼 수 있도록 하였는데, 이는 해당 식물이 등장하는 경전을 탐색하는 과정을 통해 우리는 식물 이야기와 함께 하는 또 다른 이야기들과 만날 수 있기 때문이다.

국내에서 번역이 아닌, 이러한 성격의 저서는 필자가 2011년 출간한 『경전 속 불교식물』이 처음인데, 관점에 따라서는 경전 식물의 범위 설정에서부터 분류, 실체, 원어 표기 등에 반론과 이의 등이 있을 수 있겠으나, 모든 학문이 그러하듯 누군가의 첫 시도 뒤 많은 논의와 연구가 거듭되면서 다듬어지고 조율되어질 부분이라 여겨지며, 그 첫걸음을 내딛는다는 점에서 이 책의 의미를 부여하고 싶다.

성서 속의 식물들을 다룬 국내 저서들은 10여 권에 이르고 있으나, 불교의 경우는 경전 속의 식물들 중 비교적 익숙한 60여의 종 식물을 대상으로 한 필자의 저서가 관련 부문의 첫 저서였을 만큼 불모지인 상태여서 자료의 추가 수집이 용이하지 않았다. 본서는 전작과 차별화시켜 그간 연구해 온 150여 종의 식물 중 명칭이나 현지 식생과 안 맞는 모호한 식물들을 제외하고, 비교적 '불교의 교리'를 잘 대변하는 식물들에 초점에 맞추어 저술하였다.

무엇보다도, 이런 작업을 통해 관련 부문의 연구를 좀 더 활성화하고, 불교와 종교에 관심이 있는 일반 대중이나 불교 신자 모두 식물이라는 익숙한 도구를 통해 편하고 흥미롭고 쉽게 불교의 교리를 이해하고 수용할 수 있는 장을 마련하는 데 의미를 두었다.

향후 필자는 애니메이션과 일러스트, 사진들을 다양하게 활용하여 어린이를 대상으로 한 서적을 출간해 어릴 적부터 쉽고 재미있게 불교와 불교 경전에 익숙해질 수 있는 토대를 마련할 예정이며, 우수한 열대 식물 자원이기도 한 불교 경전 속의 식물들을 자원별로 나누어 실생활에도 도움을 줄 수 있는 출간 작업을 지속적으로 수행해 나갈 예정이다. 특히 불교 신자가 아니더라도 재미있게 읽을 수 있는 식물 이야기를 펴내는 작업 또한 점진적으로 진행할 것이다.

감히 종교 식물학이라는 새로운 영역의 개척자를 자처하며 나선 지금, 이 책 『마음을 밝히는 붓다의 식물 108가지』를 통하여, 향후 관련 분야에 대해 활발한 논의가 이루어져 부처님 법과 부처님이 지나신 길에 많은 이들이 함께하길 바라며, 필자 또한 부처님 법을 공부하는 제자로서 그 이상의 영광과 기쁨이 없을 것이라는 마음으로 작은 한걸음을 또 내딛고자 한다.

끝으로 이 모든 과정을 지켜보시며 머리는 냉정하되 늘 평온하고 겸손한 마음을 가진 학자로 임하길 조언해주신 건국대학교 김두환 교수님, 식물학적 오류를 바로잡아 주신 박석근 교수님과 (사)한국자원식물학회 회장단 여러분, 늘 크고 따뜻한 힘이 되어주시는 승만경연구회 이인자 회장님, 대한불교조계종 불교여성개발원 여성 불자 108인회 여러분들, 산스크리트어의 해석과 경전의 바른 해석을 통해 식물의 의미를 제대로 풀어갈 수 있도록 이끌어 주신 안승준 법사님, 성지의 귀한 사진들을 기꺼이 내어주신 텍사스 주 휴스턴 남선사 염경 스님, 불교신문 홍승도 국장님, 그리고 멋진 그림으로 이 책을 아름답게 빛나게 해준 사랑하는 후배 이정아, 이진영 등 귀하고 아름다운 모든 인연에 무한한 감사의 마음을 전하고 싶다.

2013년 12월

한국불교식물연구원장 민태영

제1부 부처님의 가르침, 그리고 꽃과 나무들

붓다의 일대기와 식물에 관한 아홉 가지 이야기

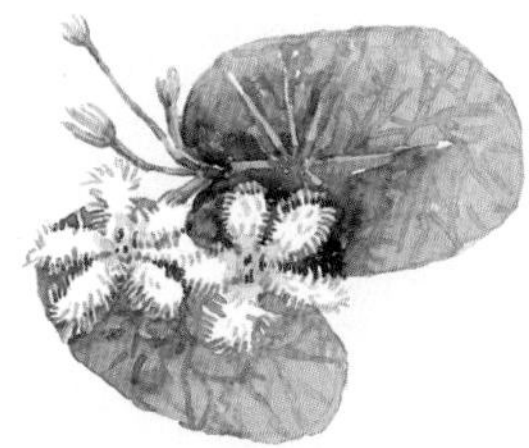

제2부 붓다가 걸으신 그 길, 그리고 꽃과 나무들

붓다의 활동 영역과 성지 이야기

2. 그 길을 아름답게 한 식물들 • 187

3. 그곳의 먹거리가 되었던 식물들 • 229

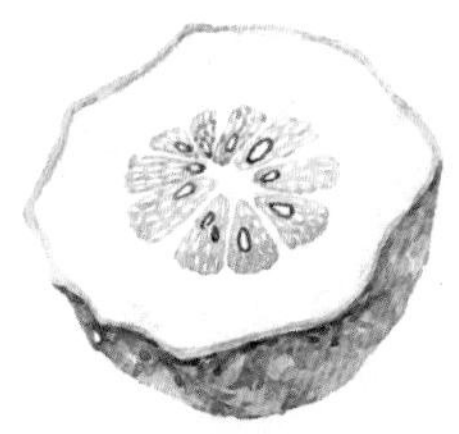

6. 그곳의 독성 식물들 • 358

들어가는 글

왜 108가지 식물 이야기인가?

불교에서 108이라는 숫자는 특별한 의미를 지닌다. 108계단이 있는 사찰도 있고, 108배 절을 하며, 신묘장구대다라니를 독송할 때도 108독을 한다. 특히 108이란 숫자와 관련해서는 108번뇌煩惱를 떠올리게 되는데, 108염주를 돌리면서 삼보三寶를 생각하면 108가지 번뇌를 없앨 수 있고 한다. 그렇다면 108가지 번뇌란 어떤 것들일까?

원래 불교에서 108이란 숫자는 매우 많다는 의미를 가지고 있다. 즉 108번뇌란 사람이 끊어야 할 번뇌가 그만큼 많다는 것을 뜻하는 것이다. 한편으로, 불교 교학의 발달로 숫자 108의 의미를 명확하게 산출하게 되었는데, 여기에는 두 가지 설이 있다.

첫 번째 설은 눈·귀·코·혀·몸·뜻의 육근六根과 이 육근의 대상이 되는 색깔·소리·냄새·맛·감각·법法의 육진六塵이 서로 작용하여 일어나는 갖가지 번뇌를 기본으로 하고 있다. 즉 육근이 육진을 접촉할 때 각각 좋고(好), 나쁘고(惡), 좋지도 싫지도 않는(平等) 세 가지 인식작용을 하게 되며, 이것이 3×6=18, 곧 18가지의 번뇌가 되는데, 이 18가지 번뇌는 각각 더러움(染)과 깨끗함(淨)이 있어 36가지(18×2)의 번뇌가 있다고 보는 견해이다. 이 36종의 번뇌에 전생·금생·내생의 삼세三世를 곱하면 108이 되어 백팔번뇌의 숫자를 얻게 된다는 것이다.

두 번째 설은 수행을 통해 번뇌를 없애는 근원적 문제에 관한 것으로, 사고의 영역과 실천의 영역에 속하는 번뇌를 근거로 하는 설이다. 사제四諦를 명료하게 주시하지 못함으로써 일어나는 번뇌인 견혹見惑 88사使와, 대상에 집착함으로써 일어나는 번뇌인 탐貪·진瞋·치癡·만慢에다가 색계와 무색계에 각각 탐·치·만을 더한 열 가지 번뇌(수혹修惑), 여러 번뇌들 중에서 특히 사람의 몸과 마음을 얽어매어 사물事物 혹은 사리事理에 대해 자유롭지 못하게 함으로써 선善을 닦는 것을 어렵게 하는 10전(十纏: 무참無慚, 무괴無愧, 질嫉, 간慳, 회悔, 면眠, 암매闇昧, 도거掉舉, 혼침惛沈, 분忿, 부覆) 등을 더하여 얻는 백팔 번뇌가 그것이다.

이런 설들에도 불구하고, 불교에서 108이라는 숫자는 대부분 많다는 의미로 받아들여진다. 또한 불교에서 108이란 의미는 버려야 할 번뇌 망상이 108가지라는 의미이기도 하지만, 그와 동시에 얻어야 할 진리와 복덕 역시 108가지로 많다는 의미를 담고 있다.

이런 연유로 이 식물 여행기도, 부처님의 일생을 통해 혹은 부처님을 스승이자 진리의 빛으로 삼았던 많은 사람들이 스쳐 지나가거나, 의미를 부여한 식물들이 많았고, 또 앞으로 밝혀내야 할 식물들의 실체와 그들이 경전 속에서 전하고자 하는 의미 역시 많다는 것을 나타내고자 숫자 108의 의미를 차용해 식물의 가짓수를 정리하였다.

구성과 내용

이 책은 전체 2부로 구성되어 있는데, 제1부에서는 불교 교리와 부처님의 탄생과 수행, 득도의 과정과 관련된 식물들을 모아 정리하였다. 이를 위해 먼저 부처님 8대 성지를 소개하였는데, 이는 식물

이야기를 전개해 나가기에 앞서 부처님의 탄생과 출가, 득도와 입멸의 과정을 통해 불교 식물에 다소 생소한 대중들이 좀 더 쉽게 다가설 수 있게 하려는 의도이다.

제2부에서는 식물을 성상별, 특징별, 용도별로 나누어 경관이 화려한 식물들, 향기가 있는 식물들, 먹을 수 있는 식물들, 아픈 사람들을 살펴주는 식물들, 일상생활에 도움을 주는 식물들, 독이 있는 식물군 등으로 분류하여 정리하였다. 그리고 식물의 특성상 개개 식물들이 보통 한 가지만의 약성을 가지고 있거나 활용할 수 있는 것은 아니어서 분류 자체가 무의미할 수도 있지만, 그 약성, 일반 용도, 활용 면에서 복합적인 경우에는 부처님의 활동 지역 현지의 역사와 생활 속에서 우선시되고 중요시되었던 용도와 특성을 기준으로 하여 분류, 정리하였다.

제2부 역시 식물 이야기에 들어가기에 앞서 이들 식물들이 서식하는 환경에 대한 이야기를 다루었는데, 붓다의 탄생지이며 활동 지역이었던 네팔과 인도의 자연 환경에 관한 이야기를 먼저 다룸으로써 식물들에 대한 이해를 보다 쉽게 하였다.

경전 속 식물의 식물명 표기 원칙

불교의 역사성은 물론 식물 분류학적으로도 충분히 설득력을 갖출 수 있도록 산스크리트명과 음역된 한자명, 국명과 학명, 영명을 명기하였다. 식물의 일반적 명칭은 국가식물표준목록(Korea Plant Names Index)에 기준한 국명으로 하였으나, IPNI(국제식물표준목록)와 인도 IBP(India Biodiversity potal), 중국의 '현대중약사전現代中藥辭典' 및 한국의 한약(생약)규정집을 활용하고, 한글명·영명이 없거나 불확실한 경우는 식물학적 명명 원칙에 따라 상업 명을 포함한 현지 명으로 하였다.

경전 속 식물의 선정 기준과 범위

1) 식물 선정의 시간적 범위

기본적으로 붓다의 탄생기인 기원전 544년부터 열반 시기로 추정되는 기원전 624년경까지 붓다의 수행과 득도, 열반의 과정에 나타나는 식물들을 주요 축으로 하여, 석가모니 이전 부처님의 득도수得道樹와 연관된 과거칠불 이야기를 제외하면, 이 책에 수록한 식물들은 대체로 붓다의 생존기 이후 성지에 있는 식물군들이 그 대상이라 할 수 있다. 이와 더불어 내용적으로는 부처님의 생전 설법과 그 이후 경經·율律·논論의 삼장三藏이 완성된 후의 한역 대장경에 수록된 식물 관련 내용을 그 범위로 하되, 불교가 전파되면서 각 지역의 논서에만 수록되어 있는 식물들보다는 붓다가 태어나 활동하고 열반한 성지의 식물들을 중심으로 정리하였다.

2) 식물 선정의 식물학적 기준

①출전 식물 규명

식물학적으로 현지 식생 환경상 서식할 수 없는 식물들의 경우는, 현지 번역가들에 의해 식물명을 근연종으로 바뀐 사례에 해당된다. 곧 이는 붓다나 그 제자들이 경전을 통해 인용하고자 하였던 식물의 원뜻에 부합되지 않거나 현지인들의 실생활과 밀접한 식물들을, 그에 대한 전문성이 떨어질 수밖에 없는 번역자들에 의해 종이 다른 식물들로 현지화된 경우이므로, 경전에 있는 식물이라고 하는 것 자체가 설득력이 떨어질 수밖에 없다.

이는 경전 식물의 연구와 규명에서 가장 큰 난점으로, 불교 경전뿐 아니라 성경의 번역에서도 오류로 발견되는 부분이기도 할 만큼, 경전에 있는 식물들의 실체를 밝히는 것은 그만큼 어렵다는 방증이기도 하다.

또한 불교의 특성상 불교가 전래된 나라에서 기록된 불교 관련 저술들도 '일체경'이라 하여 경전에 포함되어 있기 때문에, 필자는 식물학자적 관점에서 이들 식물들을 경전에 있는 식물로 선정하는 것을 보류하고 최대한 성지의 식생에 맞는 성지의 식물을 선정의 기준으로 삼았다. 또한 이렇게 선정된 식물들이라도 경전의 근거를 분명히 할 수 없는 것들은 제외하고 108가지 식물들을 발췌한 것이다.

②108가지 식물 수록 방법

경전 속 식물의 의미와 실체를 밝히는 작업은 꾸준히 진행 중이지만 그 실체가 불교적이든 식물학적이든 모호한 것들은 제외시켰으며, 또한 잘못 알려진 (혼동해서 사용하는) 식물은 한 가지 식물 안에서 겸하여 다루었다(미나리과의 아위와 백합과의 무릇이 그 경우이다). 연이나 수련, 어리연, 꽃양하 등과 같이 뿐다리카. 꾸무따. 니로뜨빨라. 웃뜨빨라. 파드마 등 여러 가지로 부르면서도 모호하게 혼용하는 식물 네 가지는 모두 출전하는 개개의 식물(실제 연과 수련 등은 물론 어리연과 꽃양하는 그 식물이 속해 있는 과科도 다르며 식생 환경이나 습성에 차이가 있다)로 하였고, 경전을 기록한 같은 용도인 두 가지 패다라수의 경우는 각기 다른 식물로 다루었다. 다만 부록에서 정리된 일람표에서는 아선약수(阿仙藥樹=孩兒茶)의 경우처럼, 가시가 흰 종류와 검은 종의 두 가지가 다 혼용되어 등장하는 점을 감안해 Acacia policantha(Whitethorn catechu)와 Acacia sundra(black catechu, thornless catechu)의 두 종류 모두를 담아 비교해볼 수 있도록 하였다.

③용도 분류의 기준

필자가 자원식물학적 관점에서 정리하고 용도별로 분류한 바, 총 141종, 339가지의 자원 식물로 활용할 수 있었다. 이 중 약용자원이 총 108종으로 31.86%를 차지하였고, 관상식물이 43종으로 12.68%를, 목재가 33종으로 9.73%, 과수자원과 향·향신료 자원이 각각 29종과 28종이어서, 이들 자원이 전체의 70% 정도를 차지해 경전에 있는 식물들의 면면을 읽을 수 있었다.

그리고 이들 141종의 경전 속 식물들은 흰색 꽃이 가장 많은 수를 차지하였고, 여름에 피는 꽃이 가장 많았으며, 나무 종류와 풀과 꽃 종류가 6:4 정도의 비율을 나타내고 있었다.

식물분류학적으로 보면, 불교 경전에 있는 식물들은 부처님의 탄생수인 무우수를 포함하고 있는 콩과의 식물이 가장 많은 비중을 차지하였으며, 죽림정사와 관련 있는 대나무를 포함하고 있는 벼과와 패엽경의 나무들인 야자수들을 포함하는 야자과 식물들이 그 뒤를 잇고 있다.

이는 이 책에 나오는 108종 식물들의 경우에서도 비슷한 양상을 보이고 있어서 독자들이 이 책을 읽기 전에 그 특징들을 식물학적인 관점에서 하나하나 꼽아가며 헤아려 보는 것도 흥미 있는 작업이라 여겨진다.

반면, 이 책에서는 자원식물학적인 관점에 더해 다분히 인문학적, 사회학적으로 식물들을 분류해 놓았다. 즉 경전에 나오는 식물들 중의 상당수가 귀중한 열대자원 식물로 각광받는 것들이고, 혹은 웰빙 식물들로 익히 알려진 식물들도 있다는 점이다. 여기에 더해 이들 식물들의 용도가 매우 다양하다는 점을 감안해 실생활 중심의 몇 가지 군으로 분류하였다.

따나까나무, 침향, 님나무 등 매우 유용한 식물들이 아주 많고 용도 또한 매우 복합적이지만, 흔히 향기가 좋아 관상수나 조경수로서 알려진 식물일지라도 현지인들의 생활 속에서 밀접하고 익숙하게 쓰일 경우는 편리함을 주는 식물군으로 분류하는 등 현지에서의 이용 우선순위를 분류의 기준으로 삼았다.

예를 들면, 무미엔화는 목면을 추출하지만 화려하게 붉은 꽃으로 장식하는 의미의 비중이 커서 성지를 아름답게 한 꽃과 나무로 분류하였다. 또 만병통치 식물이라고까지 일컫는 따나카나무 역시 수려한 외형의 아름다운 수종으로, 빈랑의 경우에는 베틀후추와 함께 빤Paan의 재료로서 기호품이지만 나무의 전 부분이 약성이 매우 뛰어나고 염색제로도 이용되는 식물이어서 치료 목적의 식물로 분류하였다.

식물 용도의 다양성을 몇 가지 예로 들어보면, 잘 알려진 코코넛 야자도 일상을 편하게 하는 나무 군으로 분류되어 있으나 섬유, 연료로도 이용하며, 독성식물로 분류한 크레이프 재스민의 경우 일부 종이 국내에도 있으며 일반 재스민처럼 아름답고 향기로운 꽃을 피운다. 특히 독성식물로 분류된 피마자의 경우는 우리나라에도 있는 식물로 약리 효과가 매우 뛰어나 피마자유, 쌈으로도 이용하는 식물이다.

또한 삼우화라고도 부르는 크레이프 재스민*Tabernaemontana coronaria*은 식물분류학적으로 보면 협죽도과의 초본식물이며, 자원식물학적 측면에서 보면 관상자원으로 분류가 되지만, 협죽도과의 많은 식물들이 그러하듯 독성이 있어 독성식물로 분류해 놓았다.

출전 경전 수록 기준과 범위

출전 경전은 이역본 출전의 경우도 모두 기록하였다. 예컨대 한 식물이 『대반열반경』(담무참 번역)에 등장할 경우, 법현 번역본인 『대반니원경』 역시 출전 경전으로 기록하여 어떤 경전에서든 찾을 수 있도록 하였다.

예) 『불반니원경佛般泥洹經』의 경우 4세기 초 중국 서진西晋의 학승 백법조가 번역하였는데, 2권으로 된 이 경은 부처님 입멸 전후의 장면들을 보여주고 있다. 이역본으로는 『장아함경』(22권) 중 「유행경」과 법현의 『대반열반경』(3권), 역자 미상의 『반니원경』(2권) 등이 있는데, 이는 모두 '대반열반경大般涅槃經'의 다른 번역이기도 하다.

제1부

부처님의 가르침, 그리고 꽃과 나무들

붓다의 일대기와
식물에 관한
아홉 가지 이야기

제1부에서는 부처님의 탄생에서 열반에 이르기까지의 과정에 밀접한 관계가 있는 식물들을 정리하였다. 물론 부처님은 생전에 수많은 식물들과 마주치고, 또 수많은 식물들이 가르침의 인용 도구로 사용되었지만, 여기에서는 부처님의 생을 탄생과 사색, 득도와 설법, 열반까지의 과정으로 단순화시켜 관련 식물들을 담아냈다. 다만 석가모니 부처님의 생 이전과 관련된 식물일지라도 깨달음과 관련하여서 과거 일곱 부처님 이야기를, 부처님 말씀의 기록이라는 면에서는 패엽경 이야기를 함께 수록하였다. 오신채와 관련해서는 부처님 당시의 상황과 다소 차이가 있다는 반론도 있을 수 있으나, 현재 우리가 큰 틀에서 알고 있는 부처님의 법과 이론들 중 매우 익숙한 내용이라는 점에서 함께 수록하였다.

8대 성지 이야기

부처님의 탄생과 득도, 열반에 이르는 과정에서 마주치는 식물들의 이야기를 풀어가기 위해 부처님의 주 활동지라 할 수 있는 8대 성지를 돌아볼 필요가 있다. 이들 장소에서 부처님의 흔적을 찾는 것과 동시에 부처님의 탄생과 성도, 열반의 현장에 있었던 식물들에 대해 이해의 폭을 넓힐 수 있을 것이다.

불교의 8대 성지는 단순한 공간적 개념만은 아니다. 8대 성지 중 부처님 탄생지인 룸비니는 네팔에 있고, 나머지는 인도의 동북부 곳곳에 위치하고 있다. 이들 성지는 2,500년 전 부처님이 태어나서,

수행하고, 깨닫고, 법을 설하고, 열반에 들 때까지의 흔적을 그대로 간직한 장소로서 많은 이들이 찾고 있다.

1) 붓다의 탄생지 – 룸비니

네팔의 남부 테라이Terai 평원에 있는 룸비니는 2,500여 년 전 석가모니 부처님이 탄생했기 때문에 신성화된 땅이다. 신성한 탄생지이기 때문에 전 세계에서 불교 신자들이 몰려오는 중요한 순례지이다. 석가모니 붓다는 조그만 나라의 왕자로 태어났다.

오늘날의 룸비니는 건축학적으로 아름다운 사원, 불탑, 승원 등에 의해 활기를 띠고 있으며, 고대의 많은 불탑과 승원 유물들이 주위에서 발견되고 있다.

이들 중 주요 건축물로는 마야데비Maya Devi 사원과 아소카 석주Ashoka pillar가 있다. 이곳의 아소카 석주는 기원전 249년 인도 마

우리아 왕조의 아소카 왕(아육왕阿育王)이 석가모니를 찬미하며 네 개의 불탑과 꼭대기에 말의 형상을 가진 석주를 건립한 것으로, 현재는 부러진 상태로 그 일부만 남아 룸비니의 이정표가 되고 있다. 이 석주에는 아소카 왕이 재위 20년에 석가모니가 태어난 성스러운 마을인 이곳을 찾았으며, 룸비니 사람들은 세금을 감면받고 생산물의 8분의 1만을 징수한다는 내용이 새겨져 있다.

석가모니의 탄생 장면을 묘사한 부조를 모시고 있는 마야데비 사원은 11세기에 지어져서 1943년에 재건된 곳이다. 그리고 이 사원 남쪽에는 싯다르타 연못 혹은 푸스카르니Puskarni 연못이라 불리는 곳이 있는데, 마야 부인이 석가모니를 낳기 전 목욕을 하고 갓 태어난 석가모니를 목욕시켰다고 알려진 성스러운 곳이다. 이렇게 석가모니의 탄생과 관련된 유적들이 곳곳에 남아 있는 룸비니는 1997년 유네스코에 의해 세계문화유산으로 지정되었다.

룸비니는 산스크리트어로 'the lovely', 즉 '자비롭게'라는 의미이다. 룸비니는 카트만두에서 남서쪽으로 약 300킬로미터 정도 떨

마야데비사원과 싯다르타 연못

어져 있는데, 1895년 저명한 독일 고고학자인 포이러Feuhrer가 히말라야 산기슭의 작은 언덕을 배회하다 석주 하나를 발견하기 전까지, 인도에서의 불교 쇠퇴와 함께 황폐해져 폐허로 방치되어 있었다.

그러나 현재 룸비니 국제사원지구에는 한국 사찰인 대성석가사大聖釋迦寺를 비롯해 각국의 전통적인 건축 양식을 살린 많은 사원들이 건설되어 전 세계에서 몰려드는 순례자들에게 편안한 쉼터를 제공하고 있다. 또한 마우리아 왕조와 쿠샨 왕조의 동전, 각종 종교 서적과 조각, 그리고 룸비니와 석가모니를 묘사한 방대한 양의 각국 우표가 전시되어 있는 룸비니 박물관과 종교, 철학, 예술, 건축에 관련된 12,000여 권의 서적을 보유하고 있는 룸비니 국제연구소(Lumbini International Research Institute) 등이 자리 잡고 있다.

2) 붓다의 열반지 - 쿠시나가르

부처님이 열반하신 쿠시나가르에는 니르바나 템플로 불리는 열반당이 있으며, 안에는 6.1미터 길이의 열반 당시의 모습을 한 불상이

옆으로 누워 있다.

바이샬리를 떠나 반다 마을을 지나 하티, 암바, 잠부, 보가 마을을 거쳐 파와에 도착한 석가모니 부처님은 이곳에서 춘다의 공양을 드시고 병을 얻었다. 결국 부처님께서 쿠시나가르에 이르러 두 그루 사라수 아래에 누우셨는데, 그곳이 이 세상 마지막 휴식처인 대열반의 장소가 되었다.

바이샬리에서 쿠시나가르까지는 직선거리로 100킬로미터 정도이다. 쿠시나가르는 아주 작은 도시인데 이는 부처님 생전에도 마찬가지여서, 아난다 존자가 참파나 라즈기르, 사와티나 사케다, 코삼비나 바라나시 같은 큰 도시에서 열반하시길 부처님께 청하기도 하였다고 한다.

부처님께서 당도하셨을 때 사라수 숲은 철 이른 사라수 꽃이 만발하고 향기가 진동하였다고 한다. 남북으로 길게 만들어진 열반당은 건물 정면과 측면에 각각 둥근 창문이 있고 그 아래로 건물을 떠받치는 네 개의 기둥이 서 있는데, 1927년 미얀마 불자의 보시로 지은 것을 1956년 인도 정부가 수리한 것이다.

열반당 뒤편에는 아소카 왕이 세웠다는 높이 55미터의 대열반 탑이 있다. 이 탑 역시 발굴 당시 심하게 훼손돼 있던 것을 미얀마 스님들이 1927년과 1972년 두 차례에 걸쳐 보수하고 증축해 오늘에 이르고 있어 사실상 신축이나 다를 바 없는데, 1900년대 이전까지도 이곳은 그저 황량하고 허물어진 유적지에 불과했다.

쿠시나가르가 다시 주목 받은 것은 19세기에 이르러서인데, 1838년 영국 동인도 회사의 직원 부캐넌이 방문한 이후 다시 세상에 알려지기 시작해 1876년 커닝햄의 조수였던 칼레일이 이곳에

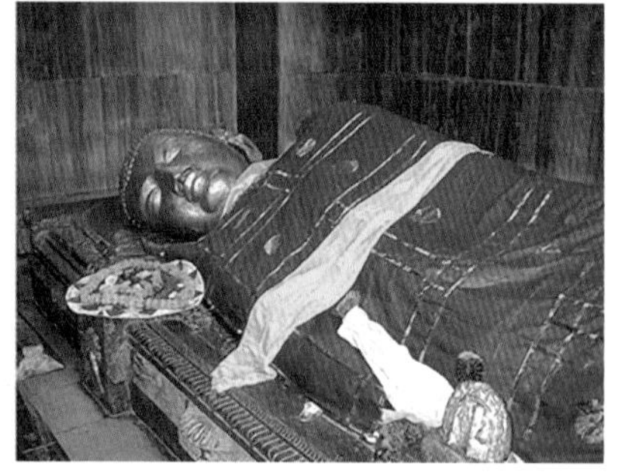

열반당과 열반상

서 약 1.5킬로미터 동쪽에 있는 히라냐바티 강바닥에 심하게 훼손된 채 방치된 열반상을 찾아내며 주목을 받았다. 그리고 1911년 열반당 뒤쪽에서 범어로 '대반열반'이 새겨져 있는 동판과 '열반사'라고 새겨져 있는 도장, 그리고 두 그루 사라수 아래 석관이 놓여 있는 문양의 도장이 발견되어, 이곳이 부처님의 열반지라는 것이 세상에 널리 알려지게 되었다.

3) 여성의 첫 출가지 - 바이샬리

2,500년 전 인도의 바이샬리는 경제·문화·교통의 중심지로 인도 최초 공화정인 밧지 연합 중심 도시로서 자유로운 토론 문화와 진취적인 분위기로 첫 여성 출가와 2차 결집의 정서적, 문화적 토대가 된 곳이다. 또한 바이샬리는 부처님이 쿠시나가르 향하며 마지막까지 돌아본 열반의 출발지이기도 하다.

부처님은 이곳에서 처음으로 여성의 출가를 허락하였다. 부처님 당시에는 여성 출가자가 없었다. 승단이 있었으나 정해진 숙소도 없었고, 들판이나 동굴에서 노숙을 하고 탁발을 하던 처지여서 여성 출가자의 안전을 보장할 수 없었다. 그래서 모친인 마야 부인을 대신해 자신을 키워준 이모 마하파자파티 고타미가 500명의 여성을 이끌고 찾아와 출가를 청했을 때 붓다는 몇 번이나 거절했으나, 아난다의 물음과 청을 듣고서 여성의 출가를 허락하셨다. 그런 허락이 이뤄진 도시가 바이샬리이며, 또한 이곳은 『유마힐소설경維摩詰所說經』의 주인공 유마 거사의 고향이기도 하다.

또한 바이샬리는 수행자 싯다르타가 첫 스승인 알라라깔리마를 만난 곳이고, 성도 후에는 다섯 번째와 마지막 하안거를 보내신 곳이다. 그리고 무엇보다도, 3개월 후에 열반하실 것임을 처음으로 공표하신 곳이기도 하다.

라즈기르에서 비하르 주의 주도인 파트나를 거쳐 갠지스 강 북쪽 약 30킬로미터 지점에 있는 고대의 도시 바이샬리까지는 버스로 4시간 정도 소요되는데, 부처님의 진신사리가 처음 봉안됐던 근본 8탑 외에도 원숭이 왕이 부처님께 꿀을 공양했다는 원후봉밀 터도 있다. 특히 이곳에는 인도 전역에서 가장 완전한 모습으로 보존돼 있는 아소카 석주가 남아 있다.

진신사리탑터와 아소카 왕 석주

4) 불교 최초의 사원, 죽림정사 - 라즈기르

영취산과 영취산터

기원전 6~5세기 중인도의 동부, 지금의 비하르Bihar의 남쪽 지역에 있던 마갈타국(摩竭陀國, 마가다국, Magadha)의 도성이며 산스크리트어로는 라자그리하rājagṛha, 팔리어로는 라자가하rājagaha이다.

라즈기르에는 불교 최초의 도량인 죽림정사 터가 있다. 1905년 이래 인도의 고고국考古局에서 발굴 조사하여 불전佛典과의 대비가 진행되었는데, 유적은 부자지간의 두 왕이 축조한 구성舊城과 신성新城으로 되어 있다. 부왕 빔비사라Bimbisāra*의 왕성은 산의 능선을 따라 돌로 쌓은 40킬로미터의 외성벽과 7킬로미터의 내성벽으로 둘러싸여 있어, 일명 기리브라자(산성)라고 불리는데, 방루·주거·탑·사원 등이 발견되었다. 그 북쪽 교외의 평야부에는 그의 아들 아자타샤트루Ajātasatru 왕이 축조한 신新왕사성지가 있다. 주변 일대에는 붓다께서 자주 방문하여 『법화경』과 『무량수경無量壽經』을 강의하였다고 하는 영취산靈鷲山을 비롯하여, 굽타 왕조까지의 많은

* 빈두사라頻頭娑羅, 빈바사라頻婆娑羅라고도 한다. 부처님 재세 시 마가다국의 국왕.

1 죽림정사 터
2 빔비사라왕 감옥터
3 칠엽굴

불적佛蹟과 자이나교·힌두교·토속신 나가Naga 등의 종교 유적이 많다.

깨달음을 이룬 붓다는 이듬해 라즈기르를 찾았는데, 당시 36세였던 붓다에게는 120세인 제자 가섭이 있었고, 라즈기르 사람들은 젊은 사람이 숱한 제자를 거느린 120세 노인을 가르치는 것에 대해 의구심을 가졌다.

그때 가섭은 "나는 80년 동안 바람과 불, 해와 달의 신에게 제사를 지내며 기도를 했지만 얻은 게 없었으나, 붓다를 만난 뒤 비로소 편안함을 얻었다"고 고백했다고 한다.

한편, 죽림정사 인근에는 영취산이 있는데, 영취산이라는 이름은 산의 모양이 독수리처럼 생겼다고 해서 붙여진 것이다. 이 산의 정상에는 붓다가 머물렀던 여래향실과 아난다의 시자실 터도 남아 있다. 붓다가 꽃을 들자 제자들 중 가섭만 그 의미를 알고 미소를 지었다는 '염화미소拈華微笑' 일화의 배경이 되는 곳이기도 하다.

5) 깨달음의 보리수 - 보드가야(부다가야, 불타가야佛陀伽耶)

2,500년 전 보드가야의 네란자라 강 주변에는 무려 2만 명에 달하는 고행자와 수도자들이 '고행림苦行林'으로 불리던 숲에 있었는데, 붓다 역시 거기서 수행을 했다. 붓다의 수행은 처음엔 고행주의를 고수했지만, 결국 고행을 접고 자신만의 방식을 통해 깨달음을 얻게 되었다. 이곳에는 마하보디 사원이 세워져 있으며, 그 앞에는 2,250년 전에 아소카 왕이 세운 높은 대탑大塔도 있다.

바라나시에서 동쪽으로 243킬로미터 떨어진 보드가야는 붓다가 깨달음을 이룬 성도의 땅이다. 그 역사적인 순간을 기념하기 위해 기원전 3세기 아소카 왕은 붓다가 깨달음을 이룬 보리수 앞에 대탑을 세우고 사원을 지으니, 그곳이 지금의 마하보디 사원이다.

싯다르타가 룸비니 동산에서 태어난 지 35년, 왕의 자리를 버리고 진리의 길을 찾아 나선 지 6년이 되던 기원전 589년 12월 8일이었다. 그로부터 칠일 동안 붓다는 보리수 아래에서 해탈의 즐거움을 누리셨으며, 깨달음을 이루신 자리에 세워진 마하보디 사원은 전 세계 모든 불자들에게 최고의 불교 성지로 추앙받게 되었으며 불자들의 순례와 경배가 끊이지 않는다. 현재의 사원은 보수를 거쳐 11세기와 19세기 후반에 각각 복원되었지만, 사원 주변에는 기원전 2세기 것으로 추정되는 난간 등 오랜 역사를 가늠할 수 있는 유적들이 여전히 산재해 있다.

1 마하보디 사원
2 마하보디 사원 내부
3 야무칠린다 연못
4 보리수

1 2
3
4

6) 붓다의 첫 설법지 – 사르나트

녹야원

붓다의 초전법륜지인 사르나트는 인도 북부 우타르푸라데시 주州의 남동쪽에 있는 바라나시에 있으며, 붓다가 깨달음을 얻은 보드가야에서 320킬로미터 거리에 위치하고 있다.

녹야원鹿野園·선인론처仙人論處·선인주처仙人住處·선인녹원·선인원仙人園·선원·녹원鹿苑·녹림鹿林 등 여러 이름으로 불리는 이곳은 붓다가 35세에 성도한 후 최초로 설법을 개시한 곳이며, 이때 아야다교진여阿若多僑陳如 등 다섯 명의 비구를 제도하였다고 한다.

탄생지인 룸비니, 성도지인 부다가야, 입멸지인 쿠시나가라와 더불어 불교 4대 성지의 하나로 일컬어지며, 다멕탑을 비롯한 많은 불교 유적과 사원, 박물관 등이 여러 곳에 남아 있다. 박물관에는 아소카 왕 석주두石柱頭를 비롯하여 많은 유품들이 소장되어 있는데, 특히 네 마리의 사자상으로 된 주두는 인도 미술 최고의 걸작으로 마우리아 왕조기*에 속하는 가장 오래 된 유물이다.

* 마우리아 왕조: 인도 최초의 고대 통일제국을 세운 왕조(BC 317~BC 180)로 시조는 찬드라굽타이다. 마우리아라는 이름은 '공작孔雀'을 뜻하는 속어에서 유래된 것이라 전해지며, 한역 불전에서도 '공작 왕조'라 번역된다.

1	2
3	4
5	

1 다마라지카탑
2 다멕탑
3 녹야원
4 영불탑
5 아소카 석주

7) 금강경을 설한 곳, 기원정사 - 쉬라바스티

쉬라바스티의 기원정사에서 붓다는 숱한 경전을 설하였으며, 지금도 그곳에는 붓다가 머물렀던 방의 터와 수행했던 경행처가 남아 있다. 붓다가 『금강경』을 설한 자리에는 꽃이 가득 뿌려져 있으며, 세계 각국에서 불자들이 찾아와 그 앞에서 『금강경』을 읊는다. 붓다는 기원정사에서 무려 24번의 안거를 지냈을 만큼 기원정사에 머물렀던 기간이 길었다.

붓다가 머물렀던 방을 당시 '여래향실'이라고 불렀다고 하는데, 그 이유는 사람들이 저마다 꽃을 꺾어와 붓다가 머무르는 방 앞에 두고 갔기에 붓다의 처소에서는 늘 꽃향기가 풍겼기 때문이라고 한다.

한편, 신라의 수도였던 서라벌이란 지명도 '쉬라바스티'의 음역이며, 그것이 지금의 '서울'이 됐다는 설이 있는데, 국가적 차원에서 불교를 중시했던 신라는 '법흥왕', '마야 부인' 등 당시 왕이나 왕비의 이름에 불교적 의미를 담기도 하였다.

기원정사는 기수급고독원정사祇樹給孤獨園精舍의 약어이며, 중인도 코살라국의 수도 사위성(舍衛城: 슈라바스티) 남쪽으로 1.6킬로미터 지점에 있던, 기타태자祇陀太子 소유의 동산을 수달장자(須達長者, 給孤獨長者)가 구입하여 부처님에게 보시한 데서 비롯되었다는 승원僧園이다. 급고독장자란 고독한 이들에게 보시를 많이 한 부

수닷타 탑

자라는 뜻에서 붙여진 이름이다. 이곳은 7층의 대가람의 위용이 상당히 웅장하였다고 하며, 죽림정사竹林精舍와 함께 2대 정사로 일컬어진다.

쉬라바스티는 수많은 경전의 설법지이며, 경전상의 많은 일화가 전해지는 지역이기도 하다. 즉 『금강경』, 『능엄경』, 『원각경』 등의 배경 무대이며, 이교도와의 신통력 대결에서 천불화현의 기적을 보이신 일화, 빈자일등貧者一燈의 일화* 등 많은 일화가 전해지는 지역

* '빈자일등'이란 '가난한 자의 등불 하나'라는 뜻으로, 물질의 많고 적음보다는 정신이 더 소중하다는 말이다. 『현우경賢愚經』의 「빈녀난타품貧女難陀品」에서 비롯되었다. 석가께서 사위국의 어느 정사에 머물고 있을 때 그곳 국왕을 비롯한 많은 사람들이 각각 신분에 걸맞는 공양을 하였다. 그 모습을 본 어느 가난한 여인이 "모처럼 부처님을 뵙게 되었는데도 아무런 공양도 할 수 없다니 정말 슬픈 일이다"라고 한탄하였다. 그리고는 온종일 구걸하여 얻은 돈 한 푼을 가지고 기름집으로 갔다. 한 푼어치 기름으로는 아무런 소용도 되지 않았으나 그 여인의 말을 들은 기름집 주인은 갸륵하게 생각하여 한 푼의 몇 배나 되는 기름을 주었다. 난타難陀라고 하는 이 여인은 그 기름으로 등을 하나 만들어 부처님께 바쳤다. 그런데 그 수많은 등불 속에서 이상하게도 난타가 바친 등불만이 새벽까지 남아서 밝게 타고 있었다. 손으로 바람을 보내거나 옷자락으로 흔들어도 불은 꺼지지 않았다. 나중에 부처님은 난타의 그 정성을 알고 그녀를 비구니로 받아들였다고 한다.

1 2 3 4
5

1-4 기원정사터
5 천불화현탑터

이다. 기원정사 주변에는 미얀마, 스리랑카 등 각국의 사원이 있으며, 한국 사찰인 천축선원도 있다.

8) 설화의 땅 - 상카시아

산카샤Sankassa·산카시아Sankasia·산키사Sankissa 또는 산카시Sankasy로 불리며, 인도의 델리 동남쪽 파그나에서 11킬로미터 떨어진 촌락이다.

상카시아는 1862년 영국의 알렉산더 컨닝햄이 그 위치를 확인하였으며, 고타마 붓다가 어머니 마야 부인을 위해 도리천에 올라가 법을 설하고 33천에 불법을 편 후 다시 세상으로 내려올 때 하강한 곳으로, 인간과 하늘 세계를 잇는 상징적인 의미를 지닌 장소이다.

많은 승원과 대탑이 건립되어 불교 성지 순례자의 발길이 이어지던 곳으로 "아소카 왕의 코끼리 도시"라고 불리기도 했다. 1,600년

전 이곳에는 대사원이 있었고, 일천여 명의 승려가 여기서 생활을 했다고 전해지나, 지금은 석가족의 후손들이 살고 있는 조그마한 마을이다.

부처님 8대 성지 가운데 가장 낙후된 지역으로, 유적이 거의 없고 체계적 발굴과 복원이 어렵다 보니, 넓은 벌판 한가운데에 아소카 석주의 머리 부분이 남은 사원이 아니었다면 부처님의 성지인지조차 알아볼 수 없을 정도이니, 안타까운 현실이다.

1 아소카석주 유물
2 상카시아 전경

1 연꽃(蓮, 荷)

학명 *Nelumbo nucifera*, *Nelumbium speciosum*, *Nymphaea nelumbo*

과명 수련과睡蓮科/Nymphaeaceae

국명 연蓮

영명 Lotus, East Indian Lotus, Egyptian Lotus, Indian Lotus, Oriental Lotus, Padma, Sacred Bean of India, Sacred Lotus

불교 경전 속에서의 이름 발특마화鉢特摩華, 파두마波頭摩

원어명(산스크리트어) padma, Pundarika

2 수련

학명 Nymphaea tetragona (일반)

과명 수련과/Nymphaeaceae

국명 수련睡蓮

영명 Water Lily

1) *Nymphaea lotus* (*Nymphaea aegyptiaca*)
   Egyptian Lotus, Egyptian water lily, Tiger Lotus, Tropical Night-Blooming water lily, White Egyptian Lotus
2) *Nymphaea alba* (European White water lily)
   European White water lily, White pond water lily
3) *Nymphaea pubescens* (*Nymphaea rubra,Nymphaea purpurea*)
   Red white water lily, Hairy water lily, Pink water-lily
4) *Nymphaea nouchali* (*Nymphaea stellata*)
   Blue Egyptian lotus, Blue water lily, Sacred narcotic lily of the Nile.
5) *Nymphaea tetragona*
   Pygmy water lily, Small white White

불교 경전 속에서의 이름 분타리가分陀利迦(백련), 우발라화優鉢羅華. 오발라烏鉢羅(청련), 구물두화拘物頭華. 구물두拘勿頭(백수련), 발특마화鉢特摩華. 파두마波頭摩(홍련, 일반 연), 니노발나泥盧鉢羅(청수련, 꽃양하)

원어명(산스크리트어) Pundarika, Utpala, Kumuda, Padma, Nilotpala

3 어리연

학명 *Nymphoides indica*

과명 용담과龍膽科(조름나물과)/Gentianaceae

국명 어리연

영명 Floating Heart, Water Snowflake

불교 경전 속에서의 이름 파두마波頭摩, 구물두拘勿頭

원어명(산스크리트어) padma, Kumuda

4 폐초강(꽃양하)

학명 *Costus speciosus*

과명 폐초강과閉鞘姜科/*Costaceae*

국명 폐초강閉鞘姜, 꽃양하

영명 Crepe Ginger, Spiral Ginger, Wild Ginger

불교 경전 속에서의 이름 오발라烏鉢羅, 니노발나泥盧鉢羅

원어명(산스크리트어) Utpala, Nilotpala

『미린다왕문경彌蘭陀王問經』 4 '수행자가 지켜야 할 덕목', 『대방광여래장경大方廣如來藏經』, 『법구경法句經』, 『법화경』 11·12·15·19·23·24·25·28품, 『관세음보살수기경觀世音菩薩授記經』, 『대방등여래장경大方等如來藏經』 '9가지 비유', 『능엄경楞嚴經』 '단檀을 만드는 방법', 『잡아함경雜阿含經』 4, 『불본행집경佛本行集經』 33, 『대반야경大般若經』 447, 『대보적경大寶積經』 37, 『대승이취육바라밀다경大乘理趣六波羅蜜多經』, 『유마힐소설경維摩詰所說經』, 『대무량수경大無量壽經』, 『불설아미타경佛說阿彌陀經』, 『대지도론大智度論』 10, 『방광반야경放光般若經』 29, 『대반야경大般若經』, 『기세경起世經』 63, 『장아함경』 1, 『화엄경보현행원품華嚴經普賢行願品』 8, 『화엄경탐현기華嚴經探玄記』 17, 『대보적경大寶積經』 36, 『대반열반경大般涅槃經』 1. 10-8, 『관무량수경觀無量壽經』, 『비화경悲華經』 2, 『대방광불화엄경大方廣佛華嚴經』 49 '석종녀 구파를 찾다 3', 『혜림음의(慧琳音義, 一切經音義)』 3, 『법화현의』 7, 『대일경소』 15, 『금광명최승왕경金光明最勝王經』 1

연꽃은 왜 수많은 경전에 등장하고 있는 것일까?

이는 연꽃이 불교의 정신을 가장 잘 드러내는 꽃이기 때문일 것이다. 연꽃은 부처님의 탄생에서부터 그 의미가 부여되고 있다. 『불본행집경』 등 부처님의 탄생기를 기록한 경전들에서는 부처님이 마야 부인의 오른쪽 겨드랑이에서 태어나 일곱 발자국을 걸을 때 발자국마다 연꽃이 피어났다고 묘사되고 있는데, 이는 연꽃이 화생의 상징물로 간주된 예이다.

또 『대지도론』에서는 부처님이 연꽃 위에 앉은 의미에 대해, 묘법의 자리를 장엄하게 하며, 향기가 깨끗하고 커서 앉을 만하다고 표현하고 있다. 『아함경』에서는 수면에 청초하게 핀 연꽃의 모습을 오탁악세五濁惡世를 초월한 성자의 모습에 비유하였고, 『화엄경탐현기』에 의하면 연꽃은 향香·결潔·청淸·정淨의 네 가지를 갖추고 있다고 묘사되고 있다. 불보살이 앉아 있는 자리를 연꽃으로 만들고 연화좌蓮華座 또는 연대蓮臺라 부르는 것은, 사바세계에 있으면서도 고결하고 청정함을 잃지 않는 불보살을 연꽃의 속성에 비유한 것이다. 『법화경』에는 "불염세간법不染世間法 여연화재수如蓮華在水"라 하여, 세속에 물들지 않음이 물속의 연화와 같다고도 하였다.

부처님께서도 청정하거나 지혜로운 사람을 곧잘 연꽃에 비유하셨으며, 부처님께서 영산회상靈山會上에서 법좌에 올라 연꽃을 들고 조용히 대중들을 둘러 보셨을 때 오직 마하가섭만이 부처님의 참뜻을 헤아리고 살며시 웃었다고 하는 염화미소의 이야기 속에도 연꽃은 등장한다.

많은 경전들에서는, 연꽃이 물이 더럽거나 지저분하여도 그 속에서 귀한 꽃을 피워내는 습성을 들어, 마치 무명無明에 둘러싸였어도 깨달아서 불성佛性이 드러나는 것과 같은 이치라고 보았는데, 이를 처염상정處染常淨이라 표현한다.

또한 꽃과 열매가 동시에 맺히는 습성을 불교적 교리에 담기도 하였는데, 이기심을 없애고 자비심을 키워서 동시에 모든 이웃을 위해 사는 일이 바로 깨달음의 삶이라 하고, 이를 일러 화과동시花果同時라 한다.

연꽃의 씨앗은 수천 년이 지나도 썩지 않고 보존되다가 조건이 주어지면 다시 발아하기 때문에 불생불멸不生不滅과 종자불실種子不失의 상징으로 표현되기도 한다. 실제로 우리나라에서도 2011년 함안 박물관 관계자들이, 국립 가야 연구소가 진행한 성산산성 발굴 작업 현장에서 발견한 연의 씨를 무려 700여 년 만에 발아시키는데 성공하여 아라연꽃이라는 이름을 붙여 공개한 바 있다. 일본에서는 1951년에 수습한 이천여 년 전의 씨앗 세 개로 지바현에 연꽃공원을 만들기도 했다.

경전 이름을 보더라도, 대승 경전의 대표적인 경전 중 하나인 『묘법연화경妙法蓮華經』(법화경)이라는 이름은, 경전이 가진 결백하고 미묘한 뜻을 연꽃(華)에 비유한 것이다. 또 『화엄경』이란 경명에도 연꽃이 있는데, 이는 연꽃이 진흙 속에서 꽃을 피우는 것처럼 우리들의 무명과 어리석음을 딛고 보살행을 해야 한다는 의미가 담겨 있다.

다른 종교에 있어서도 연꽃은 매우 중요한 의미를 지닌 식물로 등장하고 있다. 기독교에서는 그리스도의 영적 신성 능력의 상징으로 연꽃이 인용되며, 유교에서는 군자의 청빈과 고고함의 상징으로, 도교에서는 신선 세계의 꽃으로 사랑을 받아왔다. 인도와 아시아 대륙은 물론 이집트와 그리스에서도 연꽃은 신의 탄생과 밀접한 관계가 있는 식물이다.

연꽃은 불교문화에 어떤 영향을 끼쳤을까?

불교에서 발견되는 연꽃의 흔적들은, 살아서는 자기의 본성을 깨닫고 죽어서는 극락정토에 가서 연꽃 속에서 다시 태어나기를 염원하는 중생들의 열망과 신앙심이 담겨 있으며, 부처님 가르침에 대한 깊은 마음이 깃들어 있다고 하겠다.

부처님의 가르침을 여러 가지 형태로 나타낸 것이 불교 예술이라면, 불교문화는 곧 연꽃문화라 해도 지나치지 않을 것이다. 불교에서는 회화와 조각, 공예, 건축 등 시각적인 면에서 다양하게 연꽃을 표현하였는데, 연꽃 문양은 불상을 모시는 불단은 물론 천정의 닫집과 단청, 탑, 부도 등 불교와 관련된 모든 건축물에서 발견되며, 특히 관세음보살이나 지장보살, 약사유리광여래불의 협시보살인 일광보살과 월광보살 등 연꽃을 들고 있는 보살들도 많으며, 천신들 중에서도 연꽃을 들고 있는 경우가 있고, 고려불화를 비롯한 탱화나 벽화에도 연꽃이 있다.

이처럼 연꽃은 부처님의 가르침을 시각적으로 형상화한 상징물인 것이다.

식물학적으로 연꽃은 수련과의 여러해살이 수초로 아시아 남부와 오스트레일리아 북부가 원산지이고, 꽃은 7~8월에 핑크색 또는 백색으로 핀다.

연꽃의 잎은 수렴제·지혈제로 사용하거나 민간에서 야뇨증 치료에 이용하는데, 항균 작용과 함께 혈압을 안정화시키며 위장을 튼튼히 하고 지혈 등에도 효과가 있다. 최근의 자연주의, 웰빙의 흐름을 타고 연잎 차와 연잎 밥이 각광받고 있는데, 연잎 밥은 웰빙식으로 주목받아 전문점은 물론 즉석 식품으로도 가공하여 판매되고 있다.

연근蓮根은 비타민과 미네랄의 함량이 비교적 높아 생채나 그 밖의 요리에 많이 이용한다. 연근은 항산화 물질이 풍부한 식재료로, 비타민 C가 여느 과일보다 풍부해 스트레스 해소에 도움을 주며 비타민 B와 철분이 함유되어 염증 치료에도 효과가 있다. 또 당뇨, 위궤양, 십이지장궤양, 편도선염 등의 염증을 완화시키며, 점성물질인 뮤틴은 단백질의 일종으로 자양 강장 작용을 하고 혈액순환에도 유용하다고 알려져 있다.

연의 씨인 연밥은 연육, 연실, 연자, 상련, 종자, 연자육 등 여러 이름이 있는데. 특히 성장기 어린이와 노인, 환자에게 좋은 식품이다. 연꽃은 마음을 진정시키며 몸을 가볍게 하는 효능이 있어 차로 달여 마시는데, 자양 강장 효과가 있다.

연꽃이나 수련이 속한 수련과는 온대와 열대지방이 원산지인 8속屬으로 이루어져 있으며, 수련 속*Nymphaea*은 약 35종이 포함되어 있는데, 한국에는 5속 9종의 수련과 식물들이 자라고 있다.

경전 속에서 또 하나의 연으로 표현되는 수련의 경우 한방에서도 수련이라 하며, 개화기에 풀 전체를 채취하여 햇볕에 말리거나 그대로 사용한다. 수련은 더위를 씻어주며 진정 작용이 있어, 더위를 먹거나 불면증이 있을 때 달이거나 즙을 내어 복용한다. 민간요법으로는 꽃을 지혈제나 강장제로 이용하며, 일반 의학에서도 누파리딘nupharidine 성분을 추출해 위장약으로 사용한다. 수련의 땅속줄기는 녹말을 함유하고 있어 식용하기도 한다.

한편 경전 속에서 연이나 수련과 함께 우발라Utpala나 구물두Kumuda, 파두마Padma, 니로발라Nilotpala로 인용되는 식물로서 어리연과 꽃양하가 있다. 어리연은 구물두나 파두마로, 꽃양하는 우발라와 니로발라로 각각 부르고 있는데, 이들 명칭은 식물의 색상과 밀접한 관계가 있음을 알 수 있다.

어리연은 조름나물과(용담과)의 다년생 수생초로 한방에서는 잎을 금은련화金銀蓮花라는 약재로 사용하는데, 갈증 해소와 위장을 튼튼하게 하는 효과가 있다. 어리연은 우리나라에서 중부 이남 지방에서 볼 수 있으며, 일본·중국 남부·동남아시아·오스트레일리아와 아프리카 열대 지역에 주로 분포한다.

폐초강閉鞘姜 혹은 코스투스라 부르는 생강과의 Crepe Ginger도 산스크리트어로는 니로뜨빨라, 우뜨빨라라 부르고 있는데, 영명으로 'ginger'이긴 하나 우리가 먹는 생강과는 좀 거리가 있다. 이 과의 식물들 대부분이 뿌리에서 나선 형태로 줄기가 나오는데 약 3미터까지도 자란다. 꽃은 붉은 보랏빛 포엽 모양으로 파인애플과 유사하며, 주름 장식이 달린 듯한 흰 꽃이 포엽 안에서 피어 상당히 아름답다. 이 식물은 동남아시아의 정글 지역에서 주로 자생하는 보호 식물이며, 어린뿌리는 구황식물로서 식용으로도 가능하다.

5 무우수

학명 *Saraca indica*, *Saraca asoca*

과명 콩과/Leguminosae

국명 무우수無憂樹, 사라목

영명 Sita Ashok, Ashoka Tree, Ashok,Sorrowless Tree of India

불교 경전 속에서의 이름 아수가수阿輸迦樹, 아숙가阿叔迦, 아수가阿輸迦
원어명(산스크리트어) Asoka

『불본행집경』, 『과거현재인과경』 1, 『대반열반경』 32, 『대지도론』 10, 『대당서역기大唐西域記』 6, 『번역명의집』 3

무우수無憂樹는 산스크리트어 아(A, 無)와 소카(憂, soka)를 의역한 것으로, 근심이 없다는 의미를 지닌 나무이다. 그래서 영명도 Sorowless tree로 부른다.

알려진 바와 같이 부처님은 카필라국의 왕자로 태어나셨다. 카필라국은 히말라야 남쪽 산기슭, 갠지스 강의 한 지류인 라프티 하河의 동북 유역 로히니 천 주변에 있었던 아리안인의 석가족 왕국 중 한 곳인데, 이곳은 네팔과 인도 간의 꾸준한 영토 분쟁이 있는 지역으로, 현재는 네팔 타라이Tarai 지방에 위치한다.

카필라국은 쌀을 주식으로 하는 농업국이었으며, 석가모니께서 태어난 장소는 왕궁이 아닌, 카필라국(Kapilavatthu, 迦比羅)에서 10여 킬로미터 떨어진 룸비니 동산이다. 석가모니란 말은 석가족 출신의 성자라는 뜻이며, 그는 아버지 숫도다나왕, 즉 정반왕과 어머니 마야 부인에게는 40세를 넘겨 갖게 된 첫 자손으로서 소위 늦둥이다. 산기를 느낀 마야 부인이 친정인 콜리성으로 향하던 중 지나치게 된 룸비니 동산에서 태어나게 되는데, 마야 부인이 향기가 나는 나무의 가지를 잡는 순간 왕비의 옆구리에서 태어나셨다고 한다. 그 향기 나는 나무가 바로 무우수인데, 무우수 나뭇가지를 잡는 순간 오른쪽 옆구리로 태어났다는 탄생 설화는 쉽게 이해가 가지 않을 수도 있다. 그러나 이것은 상징적인 표현으로 인도의 카스트 제도*를 알면 이해가 어렵지 않다.

룸비니 동산은 부처님이 깨달음을 얻은 보드가야Bodhgaya, 첫 설법을 한 녹야원, 열반에 든 쿠쉬나가르Kushinagar와 함께 불교의 4대 성지 중 하나이다.

무우수의 학명은 *Saraca indica*로 콩과에 속하는데, 불교 유적지 곳곳에서 흔히 볼 수 있는 나무 중 하나로 인도 남부와 스리랑카가 원산지이다. 이 나무는 마야 부인이 그 향기에 도취되었다는 내용이 있을 만큼 향기가 나는 늘 푸른 큰 나무로서, 인도 등지에서는 가로수와 방풍수 등으로 활용되고 있는 나무이다.

아소카나무라 부르는 종류는 여러 가지로, *Saraca indica*를 비롯하여 색상이 좀 더 노란 *S. cauliflora*와 *Saraca declinata*, *Saraca pierreana* 등이 있다.

한편, 현지에서 아소카나무라 부르는 나무가 또 하나 있는데, *Polyalthia longifolia*라는 학명의 나무로 인도 민간에서 고혈압과 해열, 피부 질환을 다스리는 약재로 이용되며, 정원수와 조경수로도 유명한 나무이다. 그러나 부처님의 탄생과 관계가 있는 무우수가 콩과 식물인데 비해 이 식물은 포포나무과(custard apple family)이며 외형에도 많은 차이가 있으므로 식별은 어렵지 않다. 이 나무는

* 카스트 제도: 바라문(婆羅門: 승려나 제사장), 찰제리(刹帝利: 왕족, 관리), 폐사(吠舍: 농상인), 수다라(首陀羅: 노예) 등 네 계층이 있었고, 바라문은 머리 혹은 입으로, 찰제리는 옆구리로, 폐사는 배로, 수다라는 발뒤꿈치 혹은 하체로 태어난다고 여겨졌다.

힌두교에서도 성스러운 나무로 인식되고 있는데, 사랑의 신 카마가 가진 5개의 화살 중 하나가 이 나무로 만들어졌다고 한다.

● 가짜 무우수 *Polyalthia longifolia*

6 염부수 부처님께 사색의 그늘을 올리다

학명 *Syzygium cumini*

과명 도금양과桃金孃科, Myrtaceae

국명 염부수閻浮樹, 담부膽部, 포도蒲桃, 포도수蒲桃樹, 조목鳥木, 해남포도海南蒲桃, 들레나무

영명 Java plum, Indian Allspice, Black Plum, Jambolan

불교 경전 속에서의 이름 염부수閻浮樹, 담부膽部
원어명(산스크리트어) Jambu

『불본행집경』 25권·41권·49권, 『증일아함경』 15권, 『법화경』 17품, 『아함경』 8권, 『법화경의소』 8, 『대방광삼계경』, 『장아함경』 18, 『미린다왕문경』 '논란' 5, 『선견율비바사善見律毘婆沙』 17, 『기세경』 1, 『기세인본경』 1, 『선견율』 17, 『번역명의집』 7, 『대루탄경大樓炭經』 1, 『대지도론』 35, 『현응음의玄應音義』 17·21·24, 『법화경현찬』 7, 『혜림음의慧琳音義』 73, 『금광명최승왕경金光明最勝王經』 1, 『마하승기율摩訶僧祇律』 33

염부수는 깨달음의 길에 선 부처님에 얽힌 유명한 일화가 있는 나무이다. 출가 전인 어느 날, 부처님께서 봄의 들녘을 산책한 적이 있었다. 한가로운 풍경을 뒤로하고 부처님의 눈에 띈 것은 농부의 연장에 찍혀 아직 숨이 끊어지지 않은 채 몸부림치며 꿈틀거리는 벌레였는데, 순간 참새가 날아들어 그 벌레를 입에 채어가고, 이어 큰 독수리가 달려들어 그 참새를 덮쳐서는 어디론가 날아가는 것이었다. 부처님은 아름답고 평화롭게만 보이던 자연에 이처럼 약육강식이 존재하고 농부의 채찍에 시달린 여윈 소와 허위적거리며 끊임없는 노동을 감수해야 하는 농부 등 모든 생명의 실상을 측은하게 여기게 된다.

이에 부처님은 큰 나무 아래에서 깊은 사색에 잠기게 되니 그 나무가 바로 염부수이며, 그 아래에서 사색에 잠긴 것을 일러 '염부수 아래의 정관靜觀'이라고 한다.

부처님은 이 염부수 아래에서 여러 생명들이 당하는 고통을 곧 자신의 슬픔인 양 느꼈을 것이다. 또한 부처님은 끝없는 자비의 상념으로 언젠가는 저들을 진실한 행복의 길로 인도하리라고 다짐하였을 것이다. 일설에는 부처님이 이 나무 아래에서 명상을 하고 있을 때 다른 나무들이 태양의 움직임을 따라 그림자가 이동을 할 때도 이 나무의 그늘만은 움직이지 않고 있어, 아버지인 숫도다나 왕이 부처님의 발아래 엎드려 예배를 올렸다고도 한다.

염부수는 산스크리트어 Jambu(잠부나무)의 음사이며, 이 나무로 이루어진 큰 숲이 있는 곳으로부터 인도 세계관의 중심인 수미산의 남쪽을 염부주라 부를 만큼 인도에서는 매우 흔히 볼 수 있는 나무이다. 잎이 짙푸르고 무성하여 나무 그늘을 제공하기 때문에 가로수로도 이용된다.

열매는 떫고 신맛이 강하며, 나무껍질은 탄닌을 함유하고 있어 가죽 손질이나 염색에 대량으로 사용되고 있다. 열매로 식초나 와인을 만들기도 하고 잼을 만들기도 하는, 매우 용도가 다양한 식물로 약리학적으로나 민속 의학에서도 그 효능을 인정받는 식물이다.

염부수는 힌두 신화에도 등장하고 있다. 힌두교의 대표적인 세 명의 신(브라흐마, 시바, 비슈누) 중 하나인 비슈누 신의 일곱 번째 화신이자 이상적인 남성의 상징인 라마가 왕위계승 과정에서 밀려나 14년 동안 숲속에서 망명생활을 하였는데, 여기서 라마(혹은 람)가 이 나무의 열매를 먹으며 연명하였다고 한다. 그런 연유로 힌두교도들은 염부수의 열매를 '신들의 열매'로 여기고 있으며, 비슈누의 여덟 번째 화신인 크리슈나의 피부가 이 나무의 열매 색과 같은 보랏빛이어서 더욱 신성시되고 있다.

염부수의 학명은 *Syzygium cumini*, *Eugenia jambolana* 등으로 다

양하며, 원산지가 남아시아, 인도, 동남아시아에 광범위하게 분포되어 있는 반낙엽성 나무이다. 높이는 10~15미터로 4~5월경에 흰색에 녹색 빛이 도는 꽃이 피고, 열매는 7월경에 짙은 보라색으로 열린다.

이 나무가 속한 도금양과(桃金孃科, Myrtaceae)는 우리에게 아주 생소한 과이다. 우리나라에는 이 과 식물의 자생종이 없기 때문이다. 이 과는 대개 상록수로 열대지방에 많고 유칼립투스와 도금양 등 경제적으로 중요한 식물이 많다. 도금양의 열매는 날것으로 먹기도 하고 파이와 잼을 만들거나 발효시켜서 술을 만들기도 한다. 식물 전체를 약용으로 쓰고, 관상용으로 온실에서 기르는 허브로서 잘 알려져 있는 유칼립투스는 코알라가 먹는 식물로도 잘 알려져 있으며, 에센셜 오일은 강한 살균 작용이 있어 입욕제로 하면 피부를 정화하고 피부 장애에 효과가 있다. 또한 젊은 피부를 유지하는 효능이 있어 고대 이집트 시대부터 사용되었는데, 뜨거운 햇볕에 그을린 피부에 냉각 작용을 하며, 살충 효과도 있다.

7 인도보리수 부처님께 깨달음의 그늘을 드리다

학명 *Ficus religiosa*

과명 뽕나무과/Moraceae

국명 인도보리수印度菩提樹, 무죄수無罪樹, 각수覺樹, 도량수道量樹, 도수道樹

영명 Bo Tree, Bodhi Tree, Buddha Tree, Sacred Fig

불교 경전 속에서의 이름 아설타阿說他, 아수타阿輸陀
원어명(산스크리트어) Piippala,Asvattha, Aswattha, Pipali

『과거현재인과경』 3권 85·153, 『법화경』 2. 15-2·15-3·17, 『대반야바라밀다경』, 『무량수경』, 『장아함경』, 『대반열반경』, 『화엄경탐현기』 20, 『소실지갈라경蘇悉地羯囉經』 3, 『수행본기경』 하, 『아육왕태자법익괴목인연경阿育王太子法益壞目因緣經』 2, 『비니모경』 5, 『번역명의집』 3, 『근본설일체유부백일마根本說一切有部百一磨』 5, 『근본설일체유부비나야약사根本設一切有部毗奈耶藥事』 1, 『금강정유가중략출념송경金剛頂瑜伽中略出念誦經』 4

부처님에게는 부왕인 정반왕도 있었고, 새어머니인 이모 파자파티와 아내 야소다라와 아들 라훌라가 있었다. 인간 부처님 역시 따뜻한 부모님의 사랑과 아내, 아들에 대한 연민이 없었을 리 없다. 그러나 그 속세의 인연을 버리고 왜 출가를 하셨을까? 『중아함경』의 내용을 보면, 훗날 부처님께서 이르시길 "늙음과 병듦과 죽음이 없고, 번뇌와 근심 걱정과 지저분함과 더러움이 없는 더없이 안온한 최상의 행복을 얻기 위함"이었다고 술회하신다. 부처님이 왕궁을 떠나 수행의 길을 나선 것을 '유성출가踰城出家'라 하는데, 이는 단지 성벽을 넘어 집을 나선다는 의미뿐 아니라 혈연의 벽, 친족의 벽, 나와 세상의 벽을 넘음을 의미한다.

출가하여 스스로 머리를 깎고 사문沙門이 된 부처님이 처음 만난 수행자는 고행주의자 바가바이다. 그러나 고행의 궁극적 목표가 자신의 뜻과 맞지 않음을 안 부처님은 그를 뒤로한 채 길을 떠난다. 이후 부처님은 선정주의자禪定主義者들을 만나지만 깨달음의 방법에

회의를 느끼고 네란자라 강 근처의 고행림을 찾기에 이른다. 그러나 거의 아사에 이를 정도의 혹독한 고행 또한 무고안온無苦安穩의 열반을 얻고자 하는 것을 출가의 목적으로 하였던 부처님에게는 옳은 길이 아님을 깨닫게 된다.

이에 부처님은 종래의 수행 방식 중 가장 일반적이었던 선정주의와 고행주의를 버리고 부처님만의 방식으로 깨달음을 얻고자 하시고 마침내 큰 나무 아래에서 명상에 들어가시게 되는데, 그 나무가 바로 보리수이다. 이 나무 아래서 부처님은 깊은 성찰에 잠겨 궁극의 깨달음을 얻게 된다.

보리수 아래에서 깨달음을 얻으신 부처님이 자리를 떨치고 일어나실 때, 하늘의 신이 부처님께 대자대비한 마음으로 중생 구제를 위해 법을 설하여 달라고 청한 '범천권청梵天勸請'이라는 설화문학적인 표현으로 이 부분이 설명되고 있다.

국명이 인도보리수인 이 나무는 삐팔라수Pippala, 아쉬파타수Ashwattha라고도 하는데, 깨달았다는 뜻의 '보리'를 나무의 이름에 붙인 것이라 이해하면 될 것이다. 반얀트리(니그로다수=벵골보리수)와 함께 깨달음의 현장에 있던 나무이며, 부처님이 이 나무 아래서 깨달음 얻었다 하여 각수覺樹 또는 도량수道量樹라고도 하는데, 그 씨는 깨알보다 작다. 이 보리수의 작은 씨가 거대한 나무로 자라는 것을 두고 불교 경전에서는 부처님께 올리는 작은 보시布施가 큰 복덕으로 되돌아온다는 의미로 자주 인용되기도 한다.

이 보리수는 학명이 *Ficus religiosa*인데, 속명인 Ficus는 라틴어의 고어로 '무화과나무'라는 뜻에서 유래하고, religiosa는 'religion', 즉 종교적이라는 의미이다. 특히 영명으로 Bo tree 말고도 Sacred fig(신성한 무화과)라 할 만큼 신성시되는 식물이다. 이 인도보리수는 깨달음을 얻으신 부다가야(佛陀伽耶)의 보리수뿐 아니라, 부처님께서 아난존자에 일러 부다가야보리수의 가지를 가져다 키웠다는 기원정사의 아난다보리수 또한 신성시되어 널리 알려져 있다.

잎은 타원형을 띤 마름모꼴이고 끝이 길게 자라 꼬리처럼 되며, 잎맥은 흰색이 뚜렷하다. 열매는 도토리 정도 크기인데, 무화과처럼 꽃받침이 비대해진 것으로, 꽃은 열매를 쪼개면 안에 들어 있다.

열매는 천선과 나무 열매보다는 조금 크며 익으면 붉은색을 띠는데 식용이 가능하다. 수피, 잎, 열매, 씨, 뿌리, 고무 수액 등 여러 부분이 약재로 사용되는데, 수피는 설사와 이질, 당뇨, 비뇨기 질환에, 잎은 종기 치료에, 열매는 천식에, 고무 수액은 사마귀를 제거하는데 이용하며, 뿌리껍질에서 얻어진 오일은 여드름과 같은 피부질환이나 류머티즘에 사용한다. 전통 의학에서도 수피를 꿀과 섞어 끓인 즙을 임질 치료에 사용해 왔으며, 말린 나무껍질을 넣어 끓인 우유는 최음제로 알려져 있을 만큼 매우 유용한 식물이다.

한편, 이 보리수는 우리나라에 있는 보리수와 다르다. 인도 등 아시아 열대지방에서 자라는 무화과나무 속屬의 반 낙엽 교목으로 새로 자란 줄기 아래쪽에서 폐쇄화가 피고 열매는 도토리 정도 크기인데 무화과 열매보다 작다.

벵골보리수, 니구율수라 부르는 니그로다나무의 잎과 비슷하게 생겼으나 끝에 꼬리가 있는 듯 뾰족한 점이 다르다. 그러나 두 나무의 열매는 모두 무화과의 특징을 가지고 있다. 같은 무화과 속 뽕나무과 나무이기 때문이다.

이 보리수는 식생 환경이 달라 우리나라의 자연 상태에서는 살수가 없다. 그러나 과천 대공원의 온실 등 우리나라 몇몇 식물원의 온실에서 찾아볼 수는 있다. 우리나라에서 보리수라 부르는 나무들은 대부분 피나무과이거나 보리수나무과 식물인데 반해, 이 나무는 인도 등 아시아 열대지방에서 자라는 무화과나무 속의 반 낙엽성 교목으로 뽕나무과 식물이다.

우리 주변의 식물 중 천선과나무와 무화과나무의 중간쯤 되는 성질을 가졌다고 보면 이해가 쉬울 것이다.

보리수라 부르는 종류는 참 많다. 중국이 원산이면서 피나무과의 낙엽 활엽수인 보리자나무*Tilia miqueliana*, 같은 피나무과인 염주나무*Tilia megaphylla*, 같은 과의 유럽피나무*Tilia europaea*, 보리수나무과이면서 우리나라 자생종인 보리수나무*Elaeagnus umbellata*를 모두 보리수라 부른다. 우리나라 사찰에 있는 보리수들은 거의 보리자나무인 경우가 많으며, 유럽피나무의 경우는 슈베르트의 가곡 '보리수(린덴바움)'의 바로 그 나무이다. 염주나무는 보리자나무와 비슷한데 두 나무 모두 염주를 만들기도 하지만 그다지 단단하지는 않다.

이 외에 우리나라에서 보리수라 부르는 종류로는 녹보리똥나무*Elaeagnus maritima*, 보리장나무*E.glabra*, 보리밥나무*E. macrophylla*, 큰보리장나무*E.submacrophylla*, 왕볼레나무*E. nikaii* 등이 있다.

한편, 부처님이 그 밑에서 깨달음을 얻으신 보리수는 2012년 7월 인도 북부 우트라칸드 주의 삼림연구소에서 검사한 결과 2,500여 년의 수령에도 불구하고 아직도 건강하다는 전언으로 불자들을 기쁘게 하기도 했다.

8 길상초 부처님께서 앉으실 자리를 내어 드리다

학명 *Desmostachya bipinnata*

과명 벼과=화본과禾本科/Poaceae, Gramineae

국명 길상초吉祥草

영명 Halfa grass, Big cordgrass, Salt reed-grass

불교 경전 속에서의 이름 길상초, 고사姑奢,구시矩尸, 구서俱舒, 길상모吉祥茅, 희생초犧牲草

원어명(산스크리트어) kusa, Kusha, Daabh, Dharba

『수행본기경』 하, 『법화경』 23 「약왕보살본사품」, 『불공견삭다라니경不空羂索陀羅尼經』, 『불공견삭다라니자재왕주경不空羂索陀羅尼自在王呪經』

부처님이 고행림을 떠나 부처님만의 수행법을 터득하고자 인도보리수가 있는 숲으로 가셨는데, 거기에는 앉기 좋은 반석이 놓여 있었다. 오랜 고행에 지친 부처님이 근처에서 풀을 베던 사람에게 일러 부드럽고 깨끗한 풀을 얻어 깔고 앉으셨다. 부처님은 도道를 이루지 못하면 결코 이 자리(金剛寶座)에서 일어나지 않겠다는 각오로 이 풀에 앉으셨는데, 이는 그를 출가하게 한 생로병사를 넘어 무고안온의 열반을 얻는 길에 대한 확고한 신념에서 기인한 것이었다.

이곳에서 인도보리수와 함께 부처님의 깨달음의 현장을 지킨 매우 의미 있는 이 풀은 국명을 길상초吉祥草라고 하는데, 오랜 역사 속에서 인류와 함께한 식물이다. 이 풀은 다양한 전통들 속에서 종교적 의미를 포함해 매우 신성한 식물로 여겨졌던 벼과의 식물이다.

먼저, 이 길상초는 불교에 전래된 만卍자의 유래와 관계가 깊다. 『수행본기경』의 부처님의 성도 설화에, 부처님께서 보리수 아래에서 지나가는 농부에게 풀을 얻어 깔고 앉았는데, 그 풀의 끝이 卍자 모양의 길상초였다고 한다. 그 이후 부처님의 가슴, 손발, 머리, 허리에 보통사람과는 다른 만卍자덕상이 있다고 여겨 '만덕이 원만한 모양', '진리의 본체' 혹은 '부처님 신체에 있는 특이한 모습'의 하나로 불교의 상징으로 사용되었고, 이런 이유로 불상의 가슴이나 손발에 만卍자를 그려 넣고, 불교기가 제정되기 전까지 '만卍'자가 불교기의 역할을 대신하기도 하였다.

인도 철학에 있어서도 『리그베다Rigveda』*에는 이 식물이 신들과 성직자들의 자리로 묘사되어 있으며, 인도 철학이 낳은 가장 위대한 경전이라 일컬어지는 『바가바드기타Bhagavad Gita』**에서도 특별히 길상초가 크리슈나의 명상을 위한 가장 이상적인 자리로 묘사되어 있다.

이처럼 길상초는 예로부터 성스러운 풀로 인식되어 브라만의 상징으로 생각되었고 힌두교 의식에서 빠지지 않는 식물이기도 한데, 늦가을에 여무는 이삭은 덥고 건조한 지역에서도 잘 견디기 때문에 아프가니스탄에서는 목초로 쓰기도 했다. 역사 속에서의 쿠샤(길상초)는 파라오 쿠푸의 '태양의 배(solar boat)' 이야기***에서도 발견할 수 있다.

쿠샤는 북동부와 서부 열대지방과 알제리나 소말리아, 이집트 등의 북아프리카가 원산지로 건조 지대에서는 가축의 사료로 이용되

---

* 브라만교의 근본경전인 네 가지 Veda 중 첫째 문헌이자 인도에서 가장 오래된 종교적 문헌이다. Veda는 인도에서 가장 오래된 신화, 문학을 모아놓은 것으로 지식 또는 종교라는 의미이다. Veda는 리그베다를 비롯해 아바르타베다, 아주르베다, 사마베다가 있으며 최고의 역사적 문헌이자 종교문학 작품이다. 베다는 산스크리트어로 된 아리아인들의 종교적 성전이라 할 수 있다.

**고대 인도 신화를 기록한 서사시이자 경전으로 인도 전역에 걸친 대 전쟁을 무대로 비슈누의 여덟 번째 화신인 크리슈나와 그의 제자인 아르주나 사이의 문답을 통해 인생과 우주의 비밀을 논한 감동적인 경전이다.

며, 민간요법에서는 이질과 생리 이상의 치료, 그리고 이뇨제로도 사용한다.

그렇다면 우리 주변에서 볼 수 있는 길상초는 무엇인가? 이 식물은 백합과의 식물이며 학명은 *Reineckia carnea*로 습지나 나무 그늘에서 잘 자라 정원의 그늘진 곳에 심는 식물이다. 여름에서 늦가을에 연한 자주색의 꽃이 피며, 일본에서도 꽃이 피면 집안에 경사가 있다 하여 키치조소(吉祥草)라 부르는 식물이다. 이 식물은 중국, 일본 남부 등지에 분포하는 식생 환경과 형태 등으로 비추어볼 때 부처님이 깔고 앉으셨다는 길상초와는 거리가 있는, 전혀 다른 식물인 것이다.

● 가짜 길상초 *Reineckia carnea*

⁂ 쿠푸는 이집트 고왕국 제4왕조의 제2대 파라오로 약 23년간 이집트를 통치한 것으로 추정된다. 쿠푸는 자신의 무덤으로 오늘날의 카이로 교외의 기자Giza에 밑변 230m, 높이 146.5m의 최대 피라미드를 남겼다. 피라미드 속 배 형상인 '태양의 배'에 길상초*Desmostachya bipinatata*가 사용되었다고 하는데, 목조 부분을 안으로부터 로프로 연결시키고, 보트가 물을 흡수하고 나면 길상초로 만든 로프들이 팽창하여 목조 부분을 완전 밀폐시키는 역할을 했던 것이다. '태양의 배'는 죽은 파라오의 영혼이 저승에서 배를 타고 여행한다는 설에 따라 부장품으로 넣은 것으로, 쿠푸의 피라미드에는 두 척의 배가 묻혀 있는 것으로 알려져 있다.

9 큰가시 대나무 도량을 이루다

학명 *Bambusa arundinacea*

과명 벼과=화본과禾本科/Poaceae, Gramineae

국명 큰가시 대나무

영명 Indian Thorny Bamboo, giant thorny bamboo

불교 경전 속에서의 이름 구로전나鴝路戰娜
원어명(산스크리트어) Kharacchada

『숫타니파타』, 『미린다왕문경』, 『출요경出曜經』, 『금광명최승왕경』 7, 『가섭부불반열반경迦葉赴拂般涅槃經』 26

부처님이 보리수 밑에서 깨달음을 얻으신 후 이곳을 떠나 처음으로 법을 설하신 곳이 녹야원이다. 이를 법의 수레를 처음으로 돌린다는 의미의 초전법륜初轉法輪이란 말로 표현한다.

부처님께서 직접 교화하신 곳과 유명한 설법 장소에 대해 살펴보면, 전자로는 마가다국의 왕사성과 사위성이 가장 중심지였는데, 아울러 북쪽의 카필라, 남쪽의 바라나시, 동쪽의 참파, 서쪽의 코삼비 등을 들 수 있다. 유명한 설법 장소로는 처음 설법하신 바라나시의 사르나트(녹야원)과 왕사성의 죽림정사와 기사굴산(영취산), 사위성의 기원정사와 녹자모 강당 등인데, 기사굴산은 부처님께서 『법화경』을 설하신 곳이기도 하다.

부처님이 왕사성으로 향하던 길목에서 30명의 젊은이들을 교화하시고, 우루벨라 병장촌으로 가서 당시 왕사성에서 가장 이름 있는 종교가였던 가섭Kassapa 세 형제*를 교화하여 제자로 삼게 되고, 아울러 그 형제들을 따르던 수천의 무리 역시 부처님께 교화되어 제자가 되니, 마가다 국왕을 비롯한 왕사성 사람들 모두 크게 놀라

* 부처님의 10대 제자 중의 한 사람인 가섭과 다른 사람이다.

게 된다.

국왕은 물론 많은 왕실 권속들과 신하들이 함께 재가 신자가 되었으며 부처님이 머물면서 가르침을 펼 수 있는 사원을 지어 바쳤는데, 그 절은 가란타迦蘭陀 장자長者가 자기 소유의 죽림(대나무 숲)을 헌상하여 건립한 것으로, 이것이 바로 불교 사원의 시초가 되는 죽림정사竹林精舍이다.

이처럼 대나무는 불교의 첫 도량과 관련하여 불교 신자라면 누구에게나 친숙한 식물이다. 여러 경전에서 대나무의 속이 비어 있는 것, 위 아래로 마디가 있는 대나무의 식물적 특징에 빗대어 무심無心과 절도 있는 생활 태도에 대해 말하곤 한다. 불교에서는 위아래의 질서와 절도를 지켜 누구나 그 질서 속에 안주해야 비로소 평화로운 사회가 이루어진다고 강조하고 있는데, 마디가 있는 대나무는 비바람에도 굴복하지 않는 강인한 의지를 대변함과 동시에 화합과 융화를 이루어 나갈 것을 상징하고 있어 불자들이 지녀야 할 근본 마음 자세와도 통하는 식물이라 하지 않을 수 없다.

조금 다른 의미이긴 하지만, 『숫타니파타』에서는 "자식이나 처에 대한 애착은 확실히 가지가 무성한 대나무가 서로 얽힌 것과 같다. 죽순이 다른 것에 잠겨 붙지 않는 것처럼, 총명한 사람은 독립의 자유를 지향해서 무소의 뿔처럼 혼자서 가라"는 대목도 발견할 수 있다.

수많은 종류의 대나무 중 부처님이 계셨던 곳의 대나무는 모양과 식생 환경으로 미루어 보아 큰가시 대나무로 영어권에서 Indian Thorny Bamboo나 giant thorny bamboo라 부르는 *Bambusa arundinacea*일 가능성이 제일 높다. 경전 속에서는 카라차다

Kharacchada라 하며, 음역하여 구로전나鴝路戰娜로 읽는다. 식물학적으로 보면 대나무는 상록성이며 벼과의 키 큰 풀의 총칭으로, 아열대 및 열대에서 온대지방까지 널리 퍼져 있고, 특히 아시아 남동부, 인도양과 태평양 제도에 그 수와 종류가 가장 많다. 대나무는 좀처럼 꽃이 피지 않지만, 필 경우에는 전 대나무밭에서 일제히 피며, 꽃은 대나무의 번식과는 무관한 돌연변이의 일종으로 개화병開花病 혹은 자연고自然故라고도 하는데, 개화 시기는 3년, 4년, 30년, 60년, 120년 등으로 다양하며, 대나무 밭 전체에서 일제히 꽃이 핀 후 모두 고사한다.

한편, 우리나라에는 왕대속, 해장죽속 및 조릿대속의 3속 15종의 대나무가 자라고 있다. 왕대의 줄기로는 여러 가지 가구나 공구를 만들며, 초여름에 올라오는 죽순은 캐서 삶아 먹는다. 맹종죽이라 불리며 주로 남쪽 지방에서 심는 죽순대는 5월에 나오는 죽순을 먹기 때문에 '죽순대'라고 하며, 조릿대는 가을에 열매를 따서 녹말을 얻어 죽을 끓여 먹기도 하고 어린잎을 삶아 나물로 먹기도 하는데, 조릿대 잎을 그늘에 말린 것을 죽엽竹葉이라고 하여 치열, 이뇨제와 청심제淸心劑로 이용한다. 이 조릿대는 차로도 이용하는데, 일본에서 조릿대의 효능이 입증되면서 각광받게 된 항암 약재이다. 일본의 조릿대보다는 우리나라 제주의 조릿대 효능이 더 좋다고 알려져 있고, 뿌리와 줄기, 잎과 열매 모두를 약용과 식용으로 사용한다. 또 혈액을 맑게 해주고 산성 체질을 알칼리로 바꾸어주며 신진대사를 활발히 해 젊음을 유지하게 해준다고 한다. 오죽烏竹은 오죽헌의 대나무로 유명하며, 이대와 해장죽이라는 대나무도 있다.

10 사라수 꽃비가 쏟아지다

학명 *Shorea robusta*

과명 이엽시과二葉柿科(=이우시과二羽柿科)/Dipterocarpaceae

국명 마이수馬耳樹, 사라수沙羅樹

영명 Common Sal, Indian Dammer, Sal Seeds, Sal Tree

불교 경전 속에서의 이름 사라수沙羅樹, 사라沙羅, 소련蘇連
원어명(산스크리트어) Sal, Sala, Sarja

『대반열반경』 1, 『대반열반경소』 1, 『반니원경』, 『장아함경』 18, 20, 『칠불부모성자경七佛父母姓字經』, 『아육왕경阿育王經』 6, 『유뷰비나야잡사』 37, 『현응음의』 2, 『혜림음의』 하, 『번역명의집』 7, 『아함경』 8권 4

바이샬리를 떠나 파와에 도착한 부처님은 춘다의 공양을 드시고 병을 얻게 된다. 결국 부처님은 쿠시나가르에 이르러 아난다에게 머리를 북쪽으로 둘 수 있도록 사라수 두 그루 사이에 침상을 마련하도록 이르시며, 이 침상에 오른쪽 옆구리를 아래로 향하게 하신 후 발을 겹쳐 올린 후 열반에 드시는데, 그때 때 아닌 사라수 꽃이 피어 부처님의 몸 위에 쏟아진다. 이때 꽃비를 내린 사라수를 사라쌍수라 하는 이유는, 이 나무가 사방에 두 그루씩 서 있었기 때문이다. 한 쌍씩 서 있던 나무 중 동쪽의 한 쌍은 상주常住와 무상無常을, 서쪽의 한 쌍은 진아眞我와 무아無我를, 남쪽의 한 쌍은 안락安樂과 무락無樂을, 북쪽의 한 쌍은 청정淸淨과 부정不淨을 상징한다고 한다.

사라수는 부처님이 탄생하신 때의 무우수와 깨달음을 얻으신 보리수와 더불어 3대 성수聖樹라 부른다. 불교식 장례 때 제단에 지화紙花를 장식하는 것도 부처님 입적 때의 이 사라쌍수 꽃에서 유래한다고 한다. 또한 사라수는 석가모니 부처님에 있어서는 열반의 나무이지만, 과거칠불 중 세 번째 부처님이신 비사부불에게는 보리수

(깨달음의 나무)가 되고 있다.

사라수가 속한 이우시과 혹은 이엽시과는 주로 열대 저지대 우림에 자생하는 나무들인데, 사라수 속屬 'Shorea'라 부르는 종류만도 196종이나 된다.

사라는 산스크리트의 살라sala에서 나온 말로 '단단한 나무'라는 뜻이다. 인도에서 신성시되고 있지만 비교적 흔히 볼 수 있는 나무이다. 사라수의 잎은 말의 귀처럼 생겨 이 나무를 마이수馬耳樹라 부르기도 하는데, 벼과 식물들과 같이 짠 잎들은 1회용 그릇으로 팔리기도 한다. 3월에 연한 노란색의 꽃이 피는 이 나무는 주요 산림식물의 하나인데 목질이 단단해서 좋은 질의 목재로 활용되며, 수피에 상처를 내고 수지인 다마르dammar를 추출해 래커와 리놀륨을 만드는 원료로 이용한다. 열매는 먹을 수 있으며 수형이 아름답고 웅장해 가로수로도 활용된다.

한편 동남아시아 등지에서는 캐논볼 트리cannon ball tree를 사라수(Sal tree)라 부르며 신성시한다. 이 나무는 학명이 *Couroupita guianensis*인 레키티스과(Lecythidaceae=오예과) 식물로 이엽시과인 *Shorea robusta*와는 다른 식물이다(두 나무 모두 우리나라에서는 볼 수 없는 과의 식물이라 생소하다). 열매가 녹슨 대포알처럼 생겼다 하여 캐논볼 트리로 부르는데, 식용이 가능하며 남미 기아나가 원산지이다.

과일에서는 불쾌한 냄새가 나지만 살균 효과와 항생제, 진통 효과가 있으며 부드럽고 상큼한 맛이 난다.

이처럼 전혀 다른 식물을 신성시하는 데는 역사적으로나 종교적으로 이유가 있다. 즉 이 캐논볼 트리의 경우도, 강렬한 향기를 가

● 가짜 사라수 *Couroupita guianensis*

진 이 꽃의 잎이 고대 인도 신화 속에서 영적 동물로 인식되고 있는 '나가Naga'*의 머리 부분 모양 상징물과 유사하기 때문인데, 뱀의

* 인도 신화에서 거대한 뱀의 형상을 지닌 '나가Naga'는 지하 세계에서 대지의 보물을 지키는 존재로 묘사되고 있다. 불교에서는 불법을 수호하는 용왕龍王으로 표현되는데, 『법화경』에는 불법을 수호하는 난타難陀, 발난타跋難陀, 사가라娑伽羅, 화수길和修吉, 덕차가德叉迦, 아나바달다阿那婆達多, 마나사摩那斯, 우발라優鉢羅 등 팔대용왕八大龍王에 대한 이야기가 전해진다. 용왕은 강과 호수·바다를 지키는 물의 신으로 겨울에는 지하 깊은 곳에서 살다가 봄에는 하늘로 오르는데, 천기天氣를 다스리는 힘을 지니고 있어서 화가 나면 가뭄이 든다고 하며, 그 화를 달래야만 비를 내려준다고 여겨졌다.

머리를 7개 가진 영물이라는 나가는 인도 신화에서부터 불교에 이르기까지 수호신처럼 등장하고 있다. 불교에서도 불법을 수호하는 8대 용왕으로 일컬어진다 하니, 이 사라수가 불교와 밀접한 관계를 가지고 있음을 엿볼 수 있다.

11 다라수 ①

학명 *Borassus flabellifer*

과명 야자과椰子科=종려과棕櫚科/Palmae

국명 다라수多羅樹

영명 Palmyra palm, tala palm, toddy palm, wine palm, sugar palm

불교 경전 속에서의 이름 다라多羅, 패다라엽貝多羅葉, 패엽貝葉

원어명(산스크리트어) Tala, taalah/Pattra

12 다라수 ❷

학명 *Corypha utan*

과명 야자과=종려과/Palmae

국명 다라수, 공작야자류

영명 Cabbage Palm, Buri Palm, Gebang, Cabbage Palm

불교 경전 속에서의 이름 다라多羅, 패다라엽貝多羅葉, 패엽貝葉, 패엽경貝葉經

원어명(산스크리트어) Pattra

『법화경』 17「분별공덕품」·23「약왕보살본사품」·27「묘장엄왕본사품」, 『과거현재인과경』 1권 9-153, 『대방광선교방편경大方廣善巧方便經』 2, 『목련경』, 『아함경』 8-4「미증유법품」 4, 『기세경』 1, 『칭찬정토불섭수경稱讚淨土佛攝受經』, 『대반열반경』 1·7, 『대살차니건자소설경』 1, 『관세음보살수기경』, 『관찰제법행경觀察諸法行經』 3, 『금광명최승왕경』 1, 『혜림음의』 10·25·27, 『현응음의』 2·6·23, 『신화엄경』 33·71 『불공견삭신변진언경不空羂索神變眞言經』 1, 『선견율비바사』 17, 『번역명의집』 7

종이가 없었던 시절, 경전을 기록할 곳이 마땅치 않아 글자를 쓰는 재료로 몇 가지 야자나무 잎을 활용하였다. 야자나무의 잎들이 재료가 된 이유는, 외떡잎식물인 야자나무가 나란한 잎맥을 가지고 있고 섬유질이 많아 다른 어떤 잎보다 질기기 때문이다. 또한 오래 보존하려면 자체 수분도 적어야 하고 수분도 잘 흡수하지 않아야 하는데, 야자는 그런 면에서 최적의 재료였다. 글자를 새길 수 있는 야자나무는 세계적으로 약 3천여 종이 있다. 산스크리트어 '잎'이란 뜻의 파트라pattra를 음역하여 패다라貝多羅라고 부르는데, 글자를 새길 수 있는 다라수는 지방에 따라 여러 종류이며, 대표적인 것이 *Corypha utan*과 *Borassus flabellifer*란 학명의 야자나무들이다.

패엽경貝葉經을 만드는 과정은 매우 복잡하다. 즉 패다라에다 고대 인도의 문자인 산스크리트어로 부처님의 말씀을 하나하나 새겨 넣은 것이 '패엽경'인데, 패다라나무들이 접힌 부채 모양을 한 채로 새잎이 돋아나면 잘라내어 잎을 하나씩 붙인다. 그리고 며칠 동안 음지에서 말린 다음 겹쳐서 한 달 정도 그대로 두고, 그 후 쌀뜨물로 쪄서 바깥에서 건조시켜 폭 6~7센티미터, 길이 60~70센티미터 정도로 잘라낸 후 나무판에다 고정시키고, 다시 가마에 넣어 삶아냄으로써 곰팡이가 피는 것을 방지한다. 마지막으로 고운 모래로 표면을 갈아내면 마침내 '패엽경'의 재료인 패다라가 완성되는 것이다.

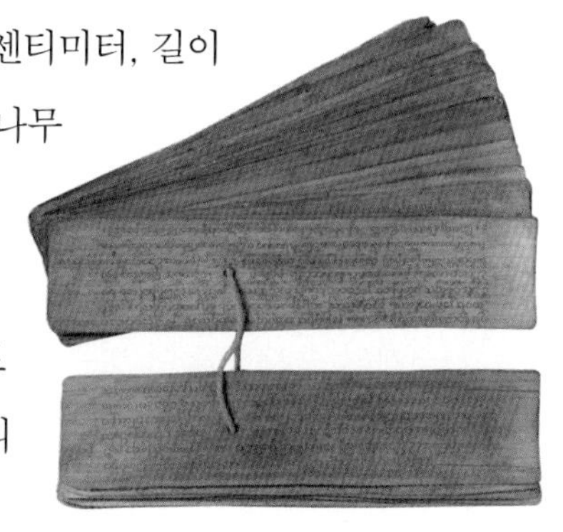

산스크리트어는 소리글자로서 세로쓰기를 하는 한자와는 달리 가로쓰기를 하는데, 글자를 새길 때는 끝이 날카로운 송곳으로 긁어내는 오목새김을 한다. 그러나 그 상태로는 글자가 보이지 않으므로 숯과 코코넛 기름을 혼합한 먹을 먹이고 헝겊으로 닦아내어 글자 부분을 도드라져 보이게 한다. 그리고 양쪽에 구멍을 뚫어 실로 몇십 장씩 꿰어 묶고, 마지막으로 묶음의 앞면과 뒷면에 글자가 새겨지지 않은 패다라 한 장씩을 붙이고 다시 나무판을 대어 보관하는 것이다.

패엽경은 이처럼 여러 단계의 복잡한 과정을 거쳐 어렵게 만들어졌는데 각각 계율, 경전, 논장으로 나누어져서 3개의 광주리(삼장三藏)에 보관되었고, 이러한 전통적인 사경 방식은 현재까지 스리랑카의 중요한 사찰에 전승되고 있다.

패엽경은 왕사성의 칠엽굴에서 가섭迦葉을 상좌로 500명의 비구가 모여 경經, 율律을 정리하여 다라수 잎에 새기게 된 것이 시초이다.

두 가지 패다라나무 중 첫 번째로 학명이 *Borassus flabellifer*이고 영명은 Palmyra palm 혹은 Toddy palm인 야자는 가지가 없으며 높이가 30미터에 달한다.

특히 이 나무는 암나무와 수나무도 있고 한 나무에 암꽃, 수꽃이 같이 있기도 하며, 한 나무에 양성화와 단성화가 동시에 존재하기도 하는 나무이다. 열매는 지름이 15~20센티미터로 검고 둥글며 1~3개의 종자가 들어 있는데, 자라는 꽃이삭을 자르면 즙액이 나온다. 이 즙액은 설탕의 원료로 쓰이고 발효시키면 럼rum이 되는데, 잎은 수분이 적고 섬유질이 많으며 바싹 말랐을 때 단단해지는 특징이 있어 보존성이 더 뛰어나다. 목재는 단단해서 카누를 만드는데 쓰고, 종자의 배젖은 건조시켜 식용한다. 패엽경으로 사용되었을 뿐 아니라 대추야자와 더불어 중요한 야자나무로 취급되는 야자인 것이다.

두 번째 다라수는 학명이 *Corypha utan*이고 영명은 Gebang Palm 또는 Cabbage Palm인 나무이다. 독특한 수형으로 인해 가로수와 조경수로 이용되는 나무인데, 굳이 국명으로 부르자면 공작야자이지만 우리나라에서 흔히 보는 공작야자는 아니다. 이 야자나무는 높이가 20미터에 달하며 서남아시아와 호주, 인도네시아, 뉴기니가 원산지이다. 이 나무가 속하는 *Corypha* 속의 나무들은 생의 마지막 순간에 높이가 무려 5미터에 달하는 꽃무리에서 백만여 개나 되는 꽃을 피워 내는데, 야자 잎들 위에 거대한 꽃들이 얹혀 있는 형상을 보인다.

7 석가모니 이전 일곱 부처님들과 수행을 함께 하다

깨달음의 나무들

과거칠불過去七佛은 석가 이전에 이 세상에 출현하였다고 하는 일곱 부처를 이르는 말이다. 과거칠불의 의미는 교리적으로 진리를 깨달은 자는 모두 부처가 될 수 있다는 데 있는데, 과거칠불과 함께 현재불, 미래불의 사상이 발전하고 이러한 사상은 대승불교의 사상적 연원이 되기도 하였다. 일곱 부처가 득도를 한 나무나 식물 또한 일곱 가지로, 석가모니 부처님의 득도수(깨달은 나무=보리수)는 전편에 다뤄진 대로 인도보리수이다.

과거 장엄겁莊嚴劫에 나타난 부처님은 비바시불毘婆尸佛·시기불尸棄佛·비사부불毘舍浮佛의 세 부처이며, 현재 현겁賢劫에 나타난 부처님은 구류손불拘留孫佛·구나함모니불拘那含牟尼佛·가섭불迦葉佛·석가모니불釋迦牟尼佛 등의 네 분이다.

장엄겁이란 과거·현재·미래의 삼대겁三大劫 가운데서 과거의 대겁을 이르는 말이며, 현재의 대겁은 현겁賢劫, 미래의 대겁은 성수겁星宿劫이라 한다. 각 대겁은 20겁 동안씩 성립되고(成), 머물고(住), 무너지고(壞), 비게 되는(空) 네 과정을 거치는데, 그중 현겁의 주겁住劫 기간 동안, 즉 현재 우리가 살고 있는 이 기간 동안 1,000명의 부처가 탄생한다고 한다.

시기불·비사부불·석가모니불의 성도수는 이미 앞에서 다루었으므로 간단히 언급하고, 여기에서는 나머지 네 부처님과 관련된 식물들을 살펴보겠다.

13 중엽수 첫 번째 부처님인 비바시불의 득도수

학명 *Bignonia suaveolens*, *Stereospermum suaveolens*

과명 능소화과凌霄花科=자위과紫葳科/Bignoniaceae

국명 중엽수重葉樹

영명 Fragrant Padri Tree

불교 경전 속에서의 이름 발달라鉢怛羅, 파타라波吒羅, 파파라波波羅, 파라리波羅利

원어명(산스크리트어) Patala, kastapatala

『최승왕경最勝王經』 7, 『대반열반경』 9·21, 『법화경』 6, 『증일아함경』 45, 『대보적경』 37, 『현응음의』 25, 『혜림음의』 13·25·26

비바시불毘婆尸佛은 과거칠불 중 과거 장엄겁에 나타난 첫 번째 부처로, 산스크리트어로는 Vipasyin이며, 음역하여 비바시불·비발시毘鉢尸·빈바시頻婆尸라 하고, 의역하여 승관불勝觀佛·정관불淨觀佛·변견불遍見佛·종종견불種種見佛이라고 부른다. 과거 91겁에 반두마티성의 왕족으로 태어났으며, 성은 콘단나이고 부친은 반두마, 모친은 반두마티라고 한다.

과거의 부처 시대로 갈수록 인간의 수명이 길어 첫 번째 부처인 비바시불이 출현하였을 때의 인간 수명은 8만 4천 세였다고 하는데, 이는 불교에서 겁劫을 이를 때 사람의 수명 8만 4천을 기준으로 삼는 연원이 되기도 한다.

한편, 석가모니불이 인도보리수 아래서 깨달음을 얻으신 것처럼, 이 비바시불은 파탈라Patala나무 아래에서 성불하셨다고 한다. 이 나무는 능소화과의 키 큰 낙엽수이다.

학명은 *Bignonia suaveolens* 또는 *Stereospermum suaveolens*이고, 발달라鉢怛羅라고 음역하며, 중엽수重葉樹라 의역한다. 이 식물의 꽃 모양은 우리 주변에서 6~8월경에 피는 능소화를 연상하면 된다. 대장경 사전에는 이 나무가 자줏빛이며 향기가 좋다고 기록되어 있고, 인도의 자료에서는 영명이 Fragrant Padri Tree이고 꽃이 핑크빛이라 되어 있는데, 일부 기록에는 이 나무가 노란색이라 기록되어 있기도 하다.

그러나 노란색의 꽃은 같은 능소화과의 *Bignonia colais*로 영명이 Yellow Snake Tree이며, 여기서 다루는 파탈라와 그 모양은 같으나 종이 다른 꽃이다. 둘을 혼용하여 쓰기도 하지만 Patala의 원뜻이 'pink'라는 의미라고 기록에 있는 점으로 미루어보아, 여기서 말하는 파탈라는 핑크 내지는 연한 보라색의 꽃일 가능성이 높다. 그러나 둘 다 산스크리트어로는 파탈라나무이다. 파탈라는 인도나 말레시아 등 동남아시아는 물론 열대 히말라야 등에 광범위하게 분포되어 있는데, 고대 인도로부터 귀족들은 붉은 빛의 파탈라 주스를 마셨다는 기록이 있고, 여성들의 목에 두르는 갈란드에도 이용되었다. 인도의 고대 의학 서적인 『아유르베다』에서도 매우 중요한 약리 효과를 지닌 식물로 기록하고 있고, 수피와 잎과 씨, 꽃 등 여러 부위가 약으로 활용된다.

백련 -두 번째 부처님인 시기불의 득도수

시기불尸棄佛은 과거 7불 중 두 번째 부처님이다. 산스크리트로는 Śikhi-Buddha, 이를 음사하여 식불, 식힐불, 식기, 시힐, 식기나 등으로 부르며, 의역하여 정계, 유계, 지계, 화수, 최상이라 한다.

과거 30겁에 출현하였으며, 당시 인간의 수명은 7만 세였는데 성씨는 콘단나로, 인도의 카스트 제도에서 왕족인 크샤트리아(刹帝利)

출신이다. 아루나바티 성에서 출생하였고, 부친은 아루나, 모친은 파트하바티라 알려져 있다.

Pundarika(=分陀利迦, *Nelombo nucifera*) 아래서 깨달음을 얻어 중생을 교화하였다고 하는데, 이는 첫 식물로 다뤄진 연꽃이며 그중 백련이다.

사라수 -세 번째 부처님인 비사부불의 득도수

비사부불毘舍浮佛은 산스크리트어로는 비스바부Visvabhi, 비스바북Visvabhuk이고, 비사부불·비습바부毘濕婆部·비사바·비사 등으로 음역하여 부르며, 의역하여 변일체자재遍一切自在·일체승一切勝. 종종변현種種變現·변승遍勝·광생廣生이라 부른다. 석가모니 이전에 나타난 과거칠불 중 비바시불·시기불과 함께 과거 장엄겁莊嚴劫의 부처로, 장엄겁의 천불 중에서 맨 뒤에 나타난 부처이다. 비사부불을 한자로 정확하게 표현하면 비습바부毘濕婆部인데, 비습바는 '변일체遍一切', 부는 '자재自在'를 뜻한다. 즉 모든 곳에 두루 존재하여 자유롭다는 뜻이다.

비사부불은 과거 31겁 때 무유성無喩城의 왕족으로 태어났으며 성은 콘단나이고, 부친은 수파티타, 어머니는 야싸바티이다. 이때 인간의 수명은 6만 세였다고 하며, 석가모니 부처님이 열반에 드셨던 때의 나무인 사라수 *Shorea robusta* 아래에서 성불하셨다.

14 인도합환수 네 번째 부처님인 구류손불의 득도수

학명 *Albizzia lebbek*

과명 콩과/Leguminosae

국명 시리사, 레빽, 알비지아, 꼬꼬

영명 East Indian Walnut, Frywood, Lebbektree, Rain Tree, Woman's tongues Tree

불교 경전 속에서의 이름 시리사수尸利沙樹, 사리사師利沙
원어명(산스크리트어) Sirisa

『승천왕반야바라밀경勝天王般若波羅蜜經』 5, 『불설다라니집경佛說陀羅尼集經』 10, 『증일아함경』 41, 『장아함경』, 『금광명최승왕경』 7, 『대반열반경』 32, 『현응음의』 3, 『혜림음의』 8. 26

구류손불拘留孫佛은 바라문 종족으로 성姓은 가섭迦葉이고, 아버지는 예득禮得이며, 어머니는 선지善枝인데, 인간의 수명이 4만 세일 때 안화성安和城에서 태어나 시리수尸利樹 또는 Sirisa수(尸利沙樹) 아래서 성불을 하셨다고 한다.

시리사수는 콩과 식물이고 학명은 *Acacia sirissa* 또는 *Albizzia lebbek*, *Mimosa sirissa*이다. 이 나무는 열대와 아열대지방에서 자생하거나 혹은 널리 재배되고 있으며, 영명으로는 Lebbek Tree, Frywood라고도 하고, 재미있는 명칭으로는 Woman's tongues Tree라고 하는데, 이것은 바람이 불 때 콩과 식물인 이 나무의 꼬투리에서 씨앗들이 매우 요란한 소리를 내는 것을 여인들의 혀에 비유한 이름이다.

이 나무의 크기는 18미터에서 30미터에 이르고 흰색의 향기로운 꽃이 피며, 씨앗은 사료로 쓰기도 하지만 커피나 차 대신 이용하기도 한다. 수피(樹皮, 나무껍질)는 비누로도 이용하는데, 시리사나무의 목재는 Albizzia, Kokko, Lebbek 등으로 부르며, 선박을 건조하거나 가구재, 장남감 등에 널리 쓰인다.

이 시리사나무는 우리나라에서도 볼 수 있는 자귀나무(일명 합환수合歡樹, 학명 *Albizia julibrissin*, 영명 Silktree Mimosa, Pink Siris)와 같은 속의 나무로 꽃의 색이 다르다. 꽃이 붉은 계통의 색을 띠는 자귀나무는 그 껍질을 합환피合歡皮라 하여 한약재로 사용한다.

시리사나무이든 자귀나무이든 밤이 되면 똑같이 잎이 오므라드는데, 합환수合歡樹라는 명칭은 밤이면 잎이 오므라들어 서로를 포옹한다고 하여 붙여진 것으로, 정원에 심어 놓으면 부부금실이 좋아진다는 재미있는 속설도 있다. 그러나 식물학적으로 보면 나무의 잎이 밤의 수분증산을 억제하기 위하여 잎을 접는 자연현상일 뿐이다.

15 영서화 다섯 번째 부처님인 구나함모니불의 득도수

학명 *Ficus glomerata*, *Ficus racemosa*

과명 뽕나무과/Moraceae

국명 우담화優曇花, 영서화靈瑞花, 기공화起空花

영명 Cluster Fig, Cluster Tree, Country Fig, Gular Fig, Redwood Fig

불교 경전 속에서의 이름 우담발화優曇鉢華, 우담바라優曇婆羅, 오잠바라烏暫婆羅, 울담발鬱曇鉢

원어명(산스크리트어) Udumbar, Udumbara, Udumbarah

『법화의소』, 『혜림음의』 12·13·27, 『불본행집경』 30, 『연화면경』, 『무량수경』 상, 『과거현재인과경』 1권 7·153, 『대보적경』 109, 39「현호장자회賢護長者會」, 『대방광불화엄경입법계품大方廣佛華嚴經入法界品』, 『대방광불화엄경보현행원품大方廣佛華嚴經普賢行願品』 9, 『법화경』「방편품」·「화성유품」·「묘장엄품」, 『불반니원경』 하, 『장아함경』 1·4, 『중아함경』 8-4「미증유법품」, 『잡아함경』 26, 『증일아함경』 45, 『대반열반경』 중, 『법화경』 1·2·3·7·27품, 『소실지갈라경』 중, 『선견율비바사』 3, 『유부백일갈마』, 『현응음의』 21, 『법화현찬』 3, 『법화의소』 3, 『대반야바라밀다경』 171, 『번역명의집』 8

구나함모니불拘那含牟尼佛은 산스크리트어로 카나카무니Kanakamuni이며, 음역하여 나함那含·구나함·가나가迦那伽·가나가모니迦那伽牟尼·갈락가모니갈諾迦牟尼라 하고, 금선인金仙人·금색선金色仙·금유金儒·금적金寂·금적정金寂靜으로 의역한다. 이 부처님은 인간의 평균 수명이 2만 세일 때 출현하신 부처이다.

구나는 금金, 모니는 선仙의 뜻이며, 몸이 금색인 까닭에 금색선이라 부르는데, 아버지는 대덕大德으로 브라만 출신이고, 어머니는 선승善勝이다. 오잠바라나무 혹은 우담바라*Ficus glomerata* 아래에서 성도하셨는데, 구나함모니불은 현겁 중에 출현하셨기 때문에 인도에는 이 부처님의 유적으로 알려진 곳이 많다.

중국의 서역구법승 법현(法顯, 337~422)이 지은 『불국기佛國記』에도 슈라바스티에서 동남쪽으로 12유순 거리에 있는 나비가에 구류손불의 유적이 있고, 그곳에서 다시 북쪽으로 1유순* 거리에 구나함모니불이 태어난 곳이 있다고 기록되어 있다.

이 나무는 불교를 종교로 하는 사람들이라면 반드시 바르게 알아야 할 나무이다. 오잠바라 또는 우담바라는 뽕나무과의 늘 푸른 큰 나무인 '우담화'이지만, 불교 신자들조차도 우담발화를 풀잠자리의 알이라고 알고 있다는 사실은 매우 안타까운 일이다. 이 나무의 학명은 *Ficus glomerata* 또는 *Ficus racemosa*이고, 영명은 Cluster Fig인데, 말 그대로 주렁주렁, 송이송이 달린 무화과라는 의미이며, 영서화 또는 기공화라고도 한다.

전설에 의하면 이 나무의 꽃은 3,000년에 한 번 피고, 이 꽃이 피면 여래나 전륜성왕이 나타난다고 한다. 은화식물(숨은 꽃)인 이 꽃이 사람들에게 보이면 상서로운 일이 생길 징조라고도 하였으며, 석가모니불께서 아난다에게 "여래의 32상을 보는 것은 우담발화가 3천 년 만에 나타나는 것을 보는 것보다 훨씬 어렵다"(『연화면경』)고 하셨다. 이 나무의 꽃은 매우 희귀하여 보기가 쉽지 않다는 점을 들어 부처님의 설법은 어지간한 인연이 아니면 듣기 어렵다는 사실에 비유하기도 한다. 즉 이 나무의 경우는 단순히 상황을 묘사하거나 장엄한 것들을 나열하는 차원이 아니라, 나무의 생태와 습성을 불교적 이론에 적용한 사례라 할 수 있다.

밀교 경전에서 주술성을 가진 나무로 여겨 이 나무를 태워 기우

* 유순由旬은 고대 인도의 이수里數 단위로 유순은 소달구지가 하루에 갈 수 있는 거리이다. 80리인 대유순, 60리인 중유순, 40리인 소유순의 세 가지가 있다. 유선나, 유순나유암나, 유연이라고도 한다.

제를 올리기도 하였으며, 열매를 먹기 때문에 과수로 취급될 뿐 아니라 목재는 건축재로, 잎은 코끼리의 사료로도 이용한다.

뽕나무과인 우담발화의 열매는 지름이 약 3센티미터 정도인데 익으면 황색으로 변하며 달고 맛있다. 이는 우리가 먹는 무화과를 생각하면 될 것이다.

무화과가 꽃이 있는데도 꽃이 없다는 의미의 무화과로 부르는 것처럼, 같은 종류인 우담발화의 경우도 정말 꽃이 없을까? 그렇지 않다. 무화과의 꽃은 꽃의 받침이 비대해진 형태의 부분(우리가 열매라 부르며 먹는 것) 안쪽에 있다. 숨어 있는 꽃의 형태라는 의미로 은두꽃차례(隱頭花序)라 부르는 것이다. 결국 열매는 꽃 덩어리인 셈인데, 그러면 그 속에 있는 무화과 꽃은 어떻게 수정을 해서 종족을 번식시키는 걸까? 답은 무화과 말벌에 있다.

무화과와 무화과 말벌은 흥미로운 공생 관계이다. 무화과는 무화과 말벌에게 꿀과 자손 번식의 터를 제공하는 대신, 무화과 말벌의 암컷으로 하여금 부지런히 꽃가루를 몸에 묻혀 여기저기로 다니며 수정을 하게 한다. 놀라운 사실은, 말벌이 활발히 움직여 수정을 도와주지 않으면 우담발화를 비롯한 무화과 종류들은 열매를 떨어뜨려 말벌의 자손들이 죽도록 놔둔다는 것이다.

그렇다면 무화과 말벌의 수컷은 무엇을 할까? 수컷은 암컷과 달리 덜 큰 개체처럼 날개가 없는데, 그들의 역할은 단지 알을 낳고 무화과들의 수정을 도운 암컷이 밖으로 나갈 수 있도록 구멍을 내는 것뿐이라고 한다.

우담발화는 밖으로는 잘 드러나지 않는 꽃의 속성 때문에 여러 경전 속에서 매우 드물고 귀한 것을 묘사할 때 인용되곤 한다.

16 벵골보리수 여섯 번째 부처님인 가섭불의 득도수

학명 *Ficus benghalensis*

과명 뽕나무과 /Moraceae

국명 벵골보리수, 반얀나무

영명 Banyan Tree, Bengal Fig, East Indian Fig, Indian Banyan

불교 경전 속에서의 이름 니구타尼拘陀, 니구율尼拘律, 니구류타尼拘類陀, 니구로타尼拘盧陀

원어명(산스크리트어) Nigodha, Nigrodha, Nyagrodha

『과거현재인과경』 1권 30·153, 『대보적경』 39, 『대방광불화엄경』 64-39 「입법계품」, 『장아함경』 1, 『불설보대다라니경佛說寶帶陀羅尼經』, 『잡아함경』 33, 『증일아함경』 35, 『무량수경』 하, 『대지도론』 8, 『구사론』 6, 『서역기西域記』 6, 『현응음의』 3·4·22·24, 『혜림음의』 15·23

가섭불迦葉佛은 산스크리트어 카쉬야파 부다Kasyapa-Buddha의 음역이며, 의역하여 음광불飮光佛이라 한다. 인간의 평균수명이 2만 세일 때 출현한 부처이며, 이때부터 백 년마다 평균수명이 한 살씩 줄어 100세가 될 때 석가모니 부처님이 태어났으니, 지금부터 약 200만 년 전의 부처님이다.

가섭불은 키키왕(汲毗王)이 다스리던 바라나시(Baranasi, 波羅奈)에서 태어났으며, 브라만 출신으로 아버지는 브라흐마다타(梵德), 어머니는 다나바티(財主)라 한다.

이 부처님은 벵골보리수, 즉 반얀나무 아래에서 깨달음을 얻었고, 2만 명의 제자를 두었다고 하는데, 『열반경』에서는 각덕 비구가 수행하여 성불한 뒤 가섭불이 되었다고 한다. 어린 나이임에도 불구하고 신통력으로 자리에서 일어나 합장하며 석가를 향하여 "세존이시여, 제가 지금 자문咨問하고자 합니다"라고 말한 보살마하살이 곧 가섭이라고도 한다.

이 나무의 학명은 *Ficus indica* 또는 *Ficus benghalensis*이며, 영명

은 Banyan tree이다. 국명으로 뱅골 보리수라 부르는 이 나무는 석가 모니 부처님이 성도하신 인도보 리수와 우담바라라 부르는 영서화 와 마찬가지로 뽕나무과의 큰키나무이며, 열매 역시 무화과이다. 가지는 사방으로 뻗어나가고 줄기에서 수많은 기근이 나와 땅속에 박히고 이것이 다시 뿌리가 되어 자란다.

줄기에서 흘러내린 어린 기근은 어린이들의 그네로 활용되거나 원숭이들의 이동 수단이 되기도 한다. 건물 틈새에서도 자라나 건물 전체를 옭아매기도 하지만, 인도인들은 이 나무에는 신령이 있어 인간을 도와준다고 믿고 있기 때문에 그대로 방치하곤 한다. 멀리서 보면 한 그루의 나무가 마치 수많은 나무들이 있는 것처럼 보이는데, 이런 웅장함과 무성함 때문에 덥고 습한 지역인 성지의 수행자나 나그네들 모두에게는 매우 유용한 나무이다.

인도가 원산지로 가로수 또는 녹음수로 주로 심는데 높이가 30미터까지 자라며, 열매는 인도보리수나 영서화(우담바라)처럼 식용이 가능하고 잎은 코끼리의 사료 또는 접시 대용으로 쓰기도 한다. 그리고 이 나무는 부처님의 32상 80종호 중 32상에도 서술된 나무이다. 니그로다는 니구타라고도 쓰는데, 부처님의 32상 중에 '신분원만 여니구타수(身分圓滿 如尼拘陀樹: 몸의 각 부분이 원만해서 니구타나무와 같다)'라고 묘사된 부분이다.

인도보리수 -일곱 번째 부처님인 석가모니불의 득도수

석가모니는 샤카무니의 산스크리트 발음을 중국어로 옮긴 음역이며, 그 뜻은 능인能仁·능적能寂 등으로 불타, 즉 석존釋尊을 가리킨다. 무우수 아래에서 탄생하셨으며, 이 인도보리수 아래에서 깨달음을 얻으셨다.

32상 80종호 이야기

'32상 80종호'란 부처님을 형상화하는 데 가장 기본이 되는, 부처님만이 지닌 독특한 용모를 이르는 말이다. 이러한 부처님 용모의 특징은 경전마다 조금씩 다르며 실제로 불상을 조성할 때 이 특징이 다 표현되는 것은 아니다.

본래 이러한 특상관特相觀이라는 것은 인도의 베다 시대부터 있어온 관상에서 유래하였으며, 이러한 인도의 특상관이 불교에 수용되어 부처님의 위대함을 신체적 특징에서도 나타내게 된 것이 32상 80종호인 것이다.

32상 80종호로 대변되는 부처님의 훌륭한 용모는 우연히 이루어진 것이 아니라 다겁생에 걸쳐 쌓은 선근과 보살행의 결과로써 나타난다 하였고, 이 길상을 갖춘 이는 세속에 있으면 위대한 전륜성왕이 되고, 출가하면 부처님이 된다고 하였다.

32상 80종호에 대해서 경전마다 다소 차이는 있으나, 32상은 32대장부상이라고도 하는데, 이는 부처님이 가지신 32가지 길상을 말하고, 이것을 다시 세밀하게 나누어 놓은 것을 80종호라 한다. 이 80종호에는 정수리가 보이지 않음(無見頂), 코가 높고 곧으며 김(鼻直高好孔不現), 눈썹이 초승달 같고 짙푸른 유리색임(眉如初生月紺琉璃色), 귓바퀴가 처짐(耳輪成), 몸이 견실함(身堅實如那羅延) 등 80항목이 나열되어 있다.

32상 80종호 속에 등장하는 식물들은 부처님의 붉은 입술에 비유한 빔바와 함께 부처님의 흰 손과 발을 묘사한 백련화白蓮華, 부처님의 흰 이를 상징하여 동남아시아 어느 곳이든 부처님 전에 꽃 공양으로 올리는 재스민(경전 속에서는 종류에 따라 여러 이름으로 부른다), 부처님의 반듯하고 좌우로 균형감 있는 몸매를 뜻하는 반얀나무(니구율수) 등이 있다.

이 32상 80종호와 관련해서는 『중아함경』 11권과 『과거현재인과경』 1권, 『불본행집경』 9권, 『방광대장엄경』 3권. 『대승백복상경』, 『대승백복장엄상경』 등에 구체적으로 정리되어 있으며, 『금광명경』의 「참회품」과 『금광명최승왕경』의 「시방보살찬탄품」 등 많은 경전에서 거론되고 있는데, 여러 경전에서 다뤄지는 32상 80종호의 내용이 조금씩 차이가 있다. 부처님께서 구족하신 그 32상 80종호가 비현실적이라거나 과도한 찬탄이라는 관점보다는, 자신의 용모를 바꿀 만큼의 경지에 이르신 깨달음의 깊이와 위대함에 대해 새겨보는 것이 이 32상 80종호를 해석하는 자세일 것이다.

17 아이비 조롱박 입술이 붉고 윤택하여 빔바같다

학명 *Coccinia nucifera*, *Coccinia grandis*

과명 박과瓠科/Cucurbitaceae

국명 빔바, 빈파, 아이비 조롱박

영명 Ivy Gourd, Scarlet Gourd, Scarlet-Fruited Gourd, Kowai Fruit

불교 경전 속에서의 이름 빈파頻婆, 빈라파頻羅婆
원어명(산스크리트어) bimba, bimbika, binbha

『중아함경』, 『방광대장엄경』 1, 『법화경』 7·27, 『화엄경』 22·65, 『승천왕반야바라밀경勝天王般若波羅蜜經』 72, 『현응음의』 3, 『혜림음의』 27

이 식물은 성장 속도가 빨라 하루에 10센티미터 가량 자라는데, 열대 아프리카와 아시아가 원산이며, 아름다운 흰 꽃 때문에 종종 정원 울타리나 조경용으로 이용되기도 하고, 동남아시아에서는 이 식물의 어린순과 줄기는 채소로, 과실은 생식을 한다. 이 식물은 수박과 참외가 속해 있는 박과의 여러해살이 덩굴식물로 암꽃과 수꽃이 따로 피며, 참외의 모양과 비슷한 열매는 가죽과 같은 질감을 가졌으며, 비타민 A와 C, 특히 항산화 물질인 베타카로틴이 풍부하며, 약리적 측면에서도 다양한 용도로 활용된다. 인도 등지에서 이 식물의 뿌리와 잎의 즙은 당뇨병 치료에, 잎들은 피부 트러블을 치료하는 찜질제로 쓰이고 변비 해소에도 이용된다.

18 인도 재스민 치아가 쿤다처럼 희다

학명 *Jasminum pubescens*

과명 물푸레나무과=목서과木犀科/Oleaceae

국명 인도재스민, 별재스민

영명 Indian Jasmine, Angel Hair Jasmine, Star Jasmine

불교 경전 속에서의 이름 군다軍荼, 군타君陀
원어명(산스크리트어) Kunda

『법화경』 4「법사공덕품」, 『법구경』 4「화향품華香品」, 『관세음보살수기경』, 『현응음의』 3, 『법화의소』 11, 『다라니집경』 12

재스민은 부처님의 32상 80종호 중 32상에서 부처님의 새하얀 이를 묘사하는 데 인용된 식물이다. 알려진 바와 같이 재스민은 향기가 강해 동남아시아 국가들의 부처님 전 어디든 이 꽃의 향기가 가득하다. 재스민은 부처님께 공양을 올리는 중요한 꽃으로, 산스크리트어 말리카mallikā가 어원이며, 말리화茉莉花라고 부른다.

재스민은 필리핀과 인도네시아의 국화國花로, 정신을 맑게 해주며 피로 해소와 심신 안정에 효과가 있고, 육류와 마늘 냄새 제거에도 효과적이다. 달콤하면서도 상쾌한 향기는 고급 향수의 원료로도 각광받고 있는데, 꽃의 향기는 긴장을 해소시키는 효과와 살균 작용이 있어 예로부터 중국에서는 모리화차(재스민차)로 꾸준히 사랑을 받아왔다.

태국에서는 이 꽃으로 화환을 만들어 부처님전에 공양하는 풍습이 있고, 스리랑카에서는 집안에 모시고 있는 불단에 꽃잎을 따다가 접시나 작은 꽃바구니에 올리거나 물을 담은 투명한 그릇에 꽃잎을 띄우는데, 이때 재스민이 자주 사용된다.

식물학적으로 재스민 종류는 전 세계에 약 300여 종이 있는데, 인도재스민인 쿤다(軍荼, kunda)는 수많은 재스민 종류 중에서도 별처럼 생긴 홑겹의 재스민이다. 경전 속에는 쿤다 외에도 재스민을 지칭하는 종류·몇 가지가 있는데, 먼저 수만나 혹은 소마나(須摩那, 須曼那, 蘇摩那, Sumana)라 부르는 아라비아재스민*Jasminum sambac*)이 있고, 사제화 또는 사저, 사제(闍提華, 闍帝, 闍底, Jati, *Jatika* 또는 육관화라 부르는 스페인재스민*Jasminum grandiflorum*이 있다.

재스민은 부처님을 둘러싼 이야기 속에도 등장한다. 즉 부처님과 동시대를 살았던 코살라국 파사익왕과 그의 부인 말리의 이야기가 그것으로, 말리(末利=말리카)는 파사익왕(波斯匿王=파세나디)의 왕비이며, 훗날 아유타(阿踰陀=아유타야) 국왕과 결혼한 승만 부인*과 기원정사를 부처님께 바친 기타(祇陀=제타) 태자의 어머니이다.

말리카 왕비는 원래 사위성(舍衛城=슈라바스티)에 사는 한 브라만의 재스민 동산을 손질하던 하녀로서 원래 이름은 카필라였으나, 재스민 동산에서 마주친 한 사문을 정성스럽게 공양하였다 하여 재스민을 뜻하는 말리카Mallika라 부르게 되었다고 하며, 그 공덕으로 파사익왕을 만나 코살라국의 왕비로 간택되었다고 한다. 왕비가 된 뒤 자신이 공양한 사문이 석가모니 부처님임을 알고 기원정사에 머물고 있는 부처님을 찾아가 가르침을 듣고 귀의하였으며, 파사익왕도 인도하여 그 설법을 듣게 하였다고 전한다. 일설에는 말리카가 곧 스리말리(승만)라는 설도 있다. 이처럼 재스민은 여러 경전과 부처님 시대의 역사 속에 등장한 식물이다.

---

* 승만(勝鬘=스리말리): 승만 부인은 석가로부터 장차 보광여래(연등불)가 될 것이라는 수기授記를 받은 비구니로 대승 경전 가운데 여래장如來藏 사상을 천명하는 대표적인 경전인 『승만경勝鬘經』(『승만사자후일승대방편방광경勝鬘獅子吼一乘大方便方廣經』)의 중심인물이다.

이 외에 단순히 이름만 재스민일 뿐 전혀 다른 식물로서 마다가스카르 재스민과 크레이프 재스민이 있는데, 이들은 원래의 재스민들이 속한 물푸레나무과 식물이 아니며, 마다가스카르 재스민Madagascar Jasmine은 박주가리과의 식물이고 학명은 *Stephanotis flonbunda*이다.

크레이프 재스민Crepe Jasmine은 삼우화三友花라고 부르며 향기가 나지만 독성이 있는 덩굴 식물로, 학명은 *Tabernaemontana coronaria*인데 우리나라에도 도입되어 있는 식물이다. 크레이프 재스민은 불교 경전 속의 식물로, 독이 있는 식물로 분류되어 뒤에서 별도로 다루었다.

또한 32상 80종호와 관련된 식물들은 위에서 거론된 것들 외에도 존재하나, 그 식물적 실체가 불분명하여 제외하였으며 지속적인 연구를 통해 밝혀나갈 계획이다.

여러 경전에서 부처님 32상 80종호의 내용은 다소 차이가 있으나 『중아함경』과 『방광대장엄경』을 참고로 하면 다음과 같다.

32상

1. 정유육계頂有肉髮: 정수리에 육계가 있다.
2. 나발우선螺髮右旋 기색감청其色紺青: 소라 같은 머리칼이 오른쪽으로 돌아 오르고 그 빛은 검푸르다.
3. 액광평정額廣平正: 이마가 넓고 평평하며 바르다.
4. 미간호상眉間毫相 백여가설白如珂雪: 눈 사이의 터럭상은 희기가 흰 마노나 눈과 같다.
5. 첩여우왕睫如牛王: 속눈썹이 소의 그것과 같이 길다.

6. 목감청색目紺青色: 눈은 검푸른 색이다.

7. 유사십치有四十齒: 마흔 개의 이가 있다.

8. 치밀이부소齒密而不疎: 이가 빽빽하고 성글지 않다.

9. 치백여군도화齒白如軍圖花: 이가 군도화처럼 희다.

10. 범음성梵音聲: 대범천왕의 음성이다.

11. 미중득상미味中得上味: 맛 중에서 가장 좋은 맛을 얻는다.

12. 설연박舌軟薄: 혀가 부드럽고 얇다.

13. 협여사자頰如獅子: 볼이 사자와 같다.

14. 양견원만兩肩圓滿: 두 어깨가 둥글고 원만하다.

15. 신량육촌身量六寸: 몸의 길이가 7팔굽이(14뼘)이다.

16. 전분여사자왕억前分如獅子王臆: 앞가슴이 사자왕의 가슴과 같다.

17. 사아교백四牙皎白: 네 어금니가 매우 희다.

18. 부체유연세활膚體柔軟細滑 자마금색紫磨金色: 피부가 부드러우며 곱고 매끄러운데 자마금빛이다.

19. 신체정직身體正直: 몸이 바르고 곧다.

20. 수수과슬垂手過膝: 손을 늘이면 무릎을 지난다.

21. 신분원만身分圓滿 여니구타수如尼拘陀樹: 몸의 각 부분이 원만해서 니구타나무와 같다.

22. 일일모공一一毛孔 개생일모皆生一毛: 하나하나의 구멍에 다 털이 나지만 모두가 한 터럭과 같다.

23. 신모우선상비身毛右旋上飛: 몸의 털이 오른쪽으로 말려 오른다.

24. 음장은밀陰藏隱密: 음경이 음밀하게 숨어 있다.

25. 비퇴장髀腿長: 넓적다리가 가지런하고 길다.

26. 장여이니녹왕腸如伊尼鹿王: 창자가 이니사슴왕 같다.

27. 족흔원정足昕圓正 족지섬장足指纖長: 복사뼈가 둥글고 바르며 발가락이 가늘고 길다.

28. 족부융기足趺隆起: 발등이 솟아올라 있다.

29. 수족유연세활手足柔軟細滑: 손발이 부드러우며 곱고 매끄럽다.

30. 수족지개망만手足指皆網輓: 손발가락에 모두 갈퀴가 있다.

31. 수족장중각유윤상手足掌中各有輪相 곡망원비轂輞圓備 천폭구족광명조요千輻具足光明照耀: 손발바닥 가운데 각기 바퀴 모양이 있는데 바퀴 테가 잘 갖추어져 있으며, 천 개의 바퀴살이 있고 빛이 난다.

32. 족하평정足下平正 주편안지周遍案地: 발바닥이 평평하고 반듯하여 두루 땅을 편안하게 한다.

80종호

1. 정수리가 보이지 않음(無見頂)
2. 코가 높고 곧으며 김(鼻直高好孔不現)
3. 눈썹이 초승달 같고 짙푸른 유리색임(眉如初生月紺琉璃色)
4. 귓바퀴가 처짐(耳輪成)
5. 몸이 견실함(身堅實如那羅延)
6. 뼈끝이 갈고리 같음(骨際如鉤鎖)
7. 몸을 한 번 돌리면 코끼리 왕과 같음(身一時回如象王)
8. 발걸음이 4촌임(行時足去地四寸而印文現)
9. 손톱은 적동색이며 얇고 윤택함(瓜如赤銅色薄而潤澤)
10. 무릎뼈는 단단하고 원만함(膝骨堅箸圓好)
11. 몸이 깨끗함(身淨潔)

12. 몸이 유연함(身柔軟)

13. 몸이 곧음(身不曲)

14. 손가락이 길고 섬세함(指長纖圓)

15. 손금이 장엄함(指文莊嚴)

16. 맥이 깊음(脈深)

17. 복사뼈가 보이지 않음(不現)

18. 몸이 윤택함(身潤澤)

19. 스스로 몸을 지탱함(身自持不委陀)

20. 몸이 갖추어져 있음(身滿足)

21. 정신도 갖추어져 있음(識滿足)

22. 위의도 구족함(容儀備足)

23. 있는 곳이 평안함(住處生意和悅輿語)

24. 위엄스러움(威震一切)

25. 즐겁게 봄(一切樂觀)

26. 얼굴 크기가 적당함(面不大長)

27. 용모가 단정함(正容貌不撓色)

28. 얼굴이 구족함(面具足滿)

29. 입술이 붉음(脣赤如頻婆果色)

30. 목소리가 깊음(音響深)

31. 배꼽이 둥글고 깊음(臍深圓好)

32. 터럭이 오른쪽으로 선회함(毛右回)

33. 손발이 있음(手足滿)

34. 손발을 마음대로 함(手足如意)

35. 손금이 분명하고 곧음(手文明直)

36. 손금이 김(手文長)

37. 손금이 연속됨(手文不斷)

38. 보면 즐거워짐(一切惡心衆生見者知悅)

39. 넓고 둥근 얼굴(面廣姝)

40. 달과 같은 얼굴(面淨滿如月)

41. 중생의 뜻에 따라 기뻐함(隨衆生意和悅與語)

42. 터럭구멍에서 향기가 남(毛孔出香氣)

43. 입에서 향기가 남(口出無上香)

44. 사자 같은 모습(儀容如師子)

45. 나아가고 물러남이 코끼리 같음(進止如象王)

46. 행동이 거위 같음(行法如鵝王)

47. 머리는 마타라 열매와 같음(頭如摩陀羅果)

48. 음성이 구족함(一切聲分具足)

49. 예리한 어금니(牙利)

50. 붉은 혀(舌色赤)

51. 얇은 혀(舌薄)

52. 붉은 터럭(毛紅色)

53. 깨끗한 터럭(毛潔淨)

54. 넓고 긴 눈(廣長眼)

55. 구멍이 구족함(孔門相具足)

56. 손발이 붉고 흼(手足赤白如蓮華色)

57. 배꼽이 나오지 않음(臍不出)

58. 배가 나오지 않음(腹不現)

59. 가는 배(細腹)

60. 기울지 않은 신체(身不傾動)

61. 신체가 묵중함(身持重)

62. 신체가 큼직함(身分大)

63. 신체가 장대함(身長)

64. 손발이 정결함(手足淨潔軟澤)

65. 신체 주위에 빛이 비침(邊光各一丈)

66. 빛이 몸에 비침(光照身而行)

67. 중생을 평등하게 봄(等視衆生)

68. 중생을 가볍게 보지 않음(不輕衆生)

69. 중생에 따라 소리를 냄(隨衆生音聲不過不感)

70. 설법에 차이가 없음(說法不差)

71. 중생에 맞는 설법을 함(隨衆生語言而爲說法)

72. 중생의 언어로 대답함(一發音報衆聲)

73. 차례로 인연에 따라 설법함(次第有因緣說法)

74. 다 볼 수 없음(一切衆生不能盡觀)

75. 보는 이가 싫증을 안 느낌(觀者無厭足)

76. 긴 머리칼(髮長好)

77. 머리카락이 고름(髮不亂)

78. 머리카락을 잘 틀어 올림(髮旋好)

79. 푸른 구슬 같은 머리칼(髮色好如靑珠相)

80. 덕스러운 손발 모습(手足有德相)

오신채 이야기

오신채五辛菜는 일반적으로 불교에서 금하는 다섯 가지 채소를 일컫는다. 율장律藏에 따르면, 이러한 음식을 공양하면 입 주위에 귀신이 달라붙는다고 하였고, 『수능엄경首楞嚴經』과 『범망경梵網經』 속에서도 오신채를 금기시하고 있다.

『수능엄경』에는 "중생들이 깨달음을 구하려면 세간의 다섯 가지 신채를 끊어야 하느니, 이 오신채를 익혀 먹으면 음란한 마음이 생겨나고, 날 것으로 먹으면 분노의 마음이 커지게 된다"고 하여 수행에 방해가 됨을 지적하고 있다.

불교에서 성性 에너지는 생명 에너지와 밀접한 것으로 여기기 때문에 발산해서 사용하는 것보다는 저장하는 것을 중시하고 있다. 그러나 이 다섯 가지 식물들은 이러한 에너지를 발산하는 식물들로서, 불가에서는 당연히 오신채를 먹음으로써 생기는 에너지를 순수하지 못한 기운으로 본다.

음식들에 관한 계율은 실상 불교 수용 초기에는 존재하지 않았다. 즉 당시의 승려들은 산속이나 동굴에서 살면서 탁발을 하며 하루 한 끼만 먹고 지냈고, 이때는 음식을 가리지 않고 먹다가 1세기 전후부터 점차 소식素食을 하게 되는데, 이후 대승불교가 대두되면서 우유를 제외한 모든 동물성 식품, 술과 함께 오신채를 금하게 되었다고 한다.

오신채는 냄새가 강하고 독특한 다섯 가지 채소로 달래, 마늘, 파,

부추, 무릇을 일컫는데, 경론經論에 따라 그 종류가 다소 차이가 있어 무릇 대신 생강을 넣기도 한다. 일단 오신채를 달래와 마늘, 파, 부추, 무릇으로 보는 설이 가장 일반화되어 있는데 무릇을 제외한다면 이들 식물들은 우리 한국인들이 즐겨 먹는 양념들로서 매우 친근하고 익숙한 것들이다.

식물학적으로 이 다섯 가지 식물들은 무릇(산형과傘形科=미나리과/Umbelliferae)을 제외하면 모두 백합과(Liliaceae, 百合科)의 식물이다. 백합과에는 우리가 잘 아는 나리나 튤립, 길가에서 자주 접하는 옥잠화 등이 있으며, 꽃꽂이에서 자주 사용되는 알리움 등 수많은 원예종의 식물이 있고, 우리가 식용하는 식물들 또한 상당히 많다.

19 달래

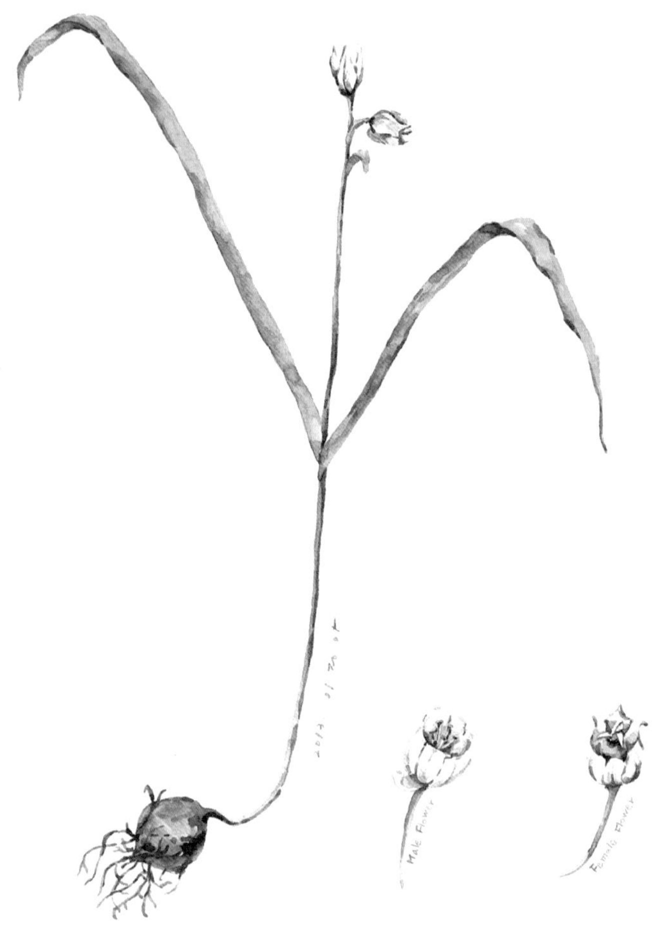

학명 *Allium monanthum*

과명 백합과百合科/Liliaceae

국명 달래

영명 Wild Chive, Wild garlic

불교 경전 속에서의 이름 소산小蒜, 단화총单花葱, 야산野蒜, 산산山蒜

『범망경』 제4계, 『수능엄경』, 『입능가경入楞伽經』 제8권-16 「차식육품遮食肉品」

달래*Allium monanthum*는 영명이 Wild Chive, Wild garlic으로 마늘과 영양 및 효능이 비슷한 산야초이다. 우리가 식용하는 달래는 학명이 *Allium grayi*로, 돌달래 또는 큰달래, 산달래라고 부르는 종류이며, 식용하는 부위는 땅속의 비늘줄기와 잎이다. 여기서 거론되고 있는 달래는 열매가 삭과로 작고 둥글다. 잎과 알뿌리의 날것을 무침으로 먹거나 부침 재료로도 이용한다.

두 달래 모두 마늘의 매운맛 성분인 알리신allicin이 들어 있어 봄의 미각을 자극할 뿐 아니라 피로를 회복시켜 주는 건강식품이다.

'작은 마늘'이라고 불리는 산달래는 된장찌개를 끓일 때 불을 끄기 직전 파 대신 얹거나, 잘게 썰어 참기름과 함께 간장에 넣은 달래간장, 달래 전 등으로 이용할 수 있다. 매콤하면서도 쌉쌀한 맛 속에는 비타민 C를 비롯해 칼슘, 칼륨 등 갖가지 영양소가 골고루 들어있는데, 특히 비타민류가 골고루 들어 있고, 대부분 익히지 않고 생으로 먹기 때문에 비타민 손실도 최소화할 수 있다. 예로부터 줄기와 수염뿌리째 잘 씻어 말린 후 소주에 넣고 밀봉한 다음, 두세 달쯤 두었다가 신경 안정과 정력 증진을 위한 약술로 마셨다고 한다.

달래의 꽃은 4월에 흰색 또는 붉은빛이 도는 흰색으로 피고, 잎 사이에서 나온 1개의 꽃줄기 끝에 1~2개가 달리며, 산달래(우리가 흔히 보는 달래, *Allium grayi*)의 꽃은 5~6월에 연한 붉은빛을 띤 자주색으로 피고, 10여 개가 꽃줄기 끝에 산형 꽃차례로 달린다.

한방에서 산달래는 건위제나 정장제로 쓰며, 달래의 비늘줄기는 소산小蒜이라는 약재로 쓰는데, 여름철 토사곽란과 복통을 치료하고, 종기와 벌레에 물렸을 때 활용한다.

20 파

학명 *Allium fistulosum*

과명 백합과/Liliaceae

국명 파

영명 Bunching Onion, Fistular Onion, Green Onion, Multiplier Onion

불교 경전 속에서의 이름 총葱
원어명(산스크리트어) Harī Pyāja

『범망경』 제4계, 『수능엄경』, 『입능가경』 제8권-16「차식육품」

식물학적으로 보면 오신채의 대부분이 속한 백합과의 파*Allium* 속屬은 전 세계적으로 1,200여 종을 포함하고 있어 식물 가운데 가장 큰 속屬 가운데 하나를 이루고 있다.

파는 외떡잎의 여러해살이풀로 칼슘, 염분, 비타민 등의 함량이 많고 특이한 향취가 있어서 생식하거나 약용 및 요리 등에 널리 쓰인다.

전통 의학에서 파의 뿌리는 총백葱白이라 하여 비늘줄기와 함께 거담제, 구충제, 이뇨제 등으로 이용되고 있다. 대파는 예로부터 감기에 좋다고 전해져 오는 대표적인 식품 중의 하나로 날 파는 땀을 내거나 열을 내리는 작용을 하여 감기 초기에 파뿌리를 생강, 귤껍질과 함께 달여서 마시고 땀을 내면 쉽게 감기가 낫는다. 또한 파에 들어 있는 유화알릴 성분은 모세혈관을 확장시켜 혈행을 촉진하고 체온을 올려주는 작용을 할 뿐 아니라, 신경의 흥분을 진정시키는 역할을 하므로 평소 식사 때 파를 충분히 먹으면 불면증에도 좋다.

파는 동양에서는 전골, 국, 양념에 빠져서는 안 되는 향신료로, 음식의 향취를 돋우고 해산물의 비린내와 육류의 누린내를 없애주는 양념으로 중시되어 재배하고 있으나, 서양에서는 거의 재배하지 않는다.

21 마늘

학명 *Allium sativum*

과명 백합과/Liliaceae

국명 마늘

영명 Common Garlic, Cultivated Garlic, Garlic, Hardneck Garlic

불교 경전 속에서의 이름 대산大蒜, 산蒜, 택산澤蒜, 천사호天師葫, 호산葫蒜
원어명(산스크리트어) Lashuna, Lashunaa, Launa

『범망경』 제4계, 『수능엄경』, 『입능가경』 제8권-16 「차식육품」

마늘 역시 백합과의 여러해살이풀로 원산지는 아시아 서부이다. 마늘의 어원은 몽골어 만끼르manggir에서 gg가 탈락된 마닐manir로부터 마 → 마늘의 과정을 지난 것으로 추정되는데, 인간이 이 마늘을 먹기 시작한 것은 4,000년이 훨씬 넘는다고 한다.

마늘은 줄기를 마늘쫑이라 하여 장아찌를 하거나 볶아 먹기도 하지만, 우리가 주로 먹는 부분은 비늘줄기로, 이 비늘줄기와 잎, 꽃자루에서는 특이한 냄새가 나며, 이 비늘줄기를 말린 것을 대산이라 한다.

마늘은 고대로부터 항상 수도자들에게는 금기 식품이었던 반면, 고대 이집트에서 피라미드를 쌓던 노동자들이나 그리스 시대의 검투사, 로마의 병정들이 즐기는 식물로서 동서고금을 막론하고 마늘이 에너지원으로 인정받았던 사실을 알 수 있다.

역학조사에 의하면, 마늘을 포함한 파 속에 속하는 식물(부추, 달래, 양파, 파)을 많이 먹으면 위암 발생률이 감소하고, 마늘 소비량에 비례하여 대장암 발생이 감소하는 효과가 있다고 한다. 특히 마늘은 암세포의 증식을 억제하고 면역 작용을 증가시키며 항산화 작용을 하는 중요한 식물이다.

22 부추

학명 *Allium tuberosum*

과명 백합과/Liliaceae

국명 부추

영명 Chinese Chive, Chinese Leek, Chinese Onion, Oriental Garlic

불교 경전 속에서의 이름 구자韮子, 가구자家韮子
원어명(산스크리트어) Kuchai, Kucai

『범망경』 제4계, 『수능엄경』, 『입능가경』 제8권-16 「차식육품」

옛날부터 부추를 많이 먹으면 남성의 정력이 증진된다고 하여 '기양초起陽草'라고도 하였다. 부추의 씨는 구자韮子 혹은 가구자家韮子라 하여 비뇨泌尿의 약재로 사용한다. 부추는 다른 파 종류에 비해 단백질, 지방, 회분, 비타민 A의 함량이 월등히 높으며, 비타민 B_1의 이용을 높여주는 유황화합물이 마늘과 비슷해서 강장 효과가 있다. 특히 부추에는 비타민 C와 몸속에서 비타민 A로 변하는 카로틴이 풍부하며, 철분, 인, 칼슘, 비타민 B군도 많이 함유하고 있다. 보통 비타민 B_1은 체내 흡수가 잘 되지 않으나 부추에 포함돼 있는 알라신 성분은 비타민 B_1의 흡수를 도와 체내에 오래 머물 수 있도록 도와주는데, 살균 작용까지 있어 고기를 조리할 때 함께 먹으면 좋고, 몸을 덥게 하는 보온 효과가 있으며 장을 튼튼하게 해준다.

23 무릇(홍거)

학명 *Ferula narthex* (*Ferula assafoetida*, *Ferula asafetida*)

과명 미나리과(산형과傘形科)/Umbelliferae

국명 아위阿魏

영명 Devils dung, Ferula, Hing Asafetida, giant fennel,

불교 경전 속에서의 이름 흥거興渠, 흥구興瞿
원어명(산스크리트어) Higgu,Hingu

『범망경』 제4계, 『수능엄경』, 『입능가경』 제8권-16 「차식육품」

오신채 중 무릇은 그 실체에 대해 논란이 많은 식물이다. 두 가지 의견이 있는데, 많은 사람들이 무릇으로 알고 있었던 백합과의 *Scilla scilloides*(Chinese squill, 야자고野茨菰, 물굿, 물구, 지란地蘭, 면조아綿棗兒, 천산天蒜, 지조地棗, 전도초근剪刀草根)와 식생 환경상 진짜 무릇일 가능성이 높다고 여겨지고 있는 미나리과의 *Ferula narthex*(*Ferula assafoetida*, *Ferula asafetida*[아위阿魏], Hing, Devils dung)가 그것이다. 필자 역시 식물의 생육 환경과 어원 등 수많은 자료를 검색한 결과, 미나리과(산형과)의 식물이 오신채로 거론되고 있는 무릇의 실체일 가능성이 높다는 결론을 얻은 바 있다.

즉 무릇이 백합과의 *Scilla scilloides*라기보다는 미나리과의 *Ferula narthex*라는 설이 점차 힘을 얻어가는 것은, 전자의 경우 그 식물의 식생 환경이 부처님의 활동하시던 지역과 차이가 있다는 점, 미나리과의 아위의 경우 인도인들의 생활 속에서 많이 이용한 전례가 있고 현재도 이용하고 있다는 점일 것이다.

그렇다면 미나리과의 식물 아위阿魏는 어떤 식물일까?

미나리과의 *Ferula narthex*는 우리 주변에서 볼 수 있는 식물은 아니다. 이 식물로 주로 동남아시아에서 서식하는데 원산지는 북아프리카와 남유럽 등으로, 주산지는 이란, 아프가니스탄, 파키스탄, 인도 북부, 중국 등이다.

아위는 같은 미나리과의 샐러리와 커다란 파슬리가 섞인 정도의 모양을 상상하면 된다. 고대에는 북아프리카산 아위가 이집트나 로마에서 요리나 약용으로 쓰이기도 했고, 남인도와 인도 서부에서는 생선 요리, 야채 요리, 콩 요리와 야채 카레 등에 향신료로 이용된다. 이란에서도 뿌리줄기의 가운데와 잎을 야채로 혹은 우스터소스의 재료로 사용하였지만 그 외 대부분의 나라에서는 현재 약용으로만 이용하고 있다.

아위는 진정 작용이 있어 울화병이나 신경성 염증, 히스테리에 효과가 있다고 하며 위통이나 산통, 복부 팽만감이나 변비, 설사에도 효과가 있다. 중국에서는 이 식물을 오래전부터 치료제로 사용하고 있는데, 230여 종의 치료와 관련된 성분이 포함되어 있다고 알려져 있다.

사실 아위는 훈거薰渠라고도 하는데, *Ferula narthex*뿐 아니라 기타 같은 속의 근연식물의 줄기에서 산출된 수지를 일컫는 말이기도 하다. 이 수지는 강한 자극성이 있으며, 소화를 돕고, 신경을 치료하고, 기관지염과 천식을 치료하는데, 아위는 항응고제와 혈압 강하제로 효과가 있다는 연구 결과도 있다.

이전에 무릇으로 거론되어 왔던 백합과의 *Scilla scilloides*는 반 그늘지고 약간 습윤한 곳에서 잘 자라는 여러해살이풀로, 동북아시아가 원산지이며 꽃의 모양은 맥문동과 비슷하다. 이전에는 구황 식물로도 이용했는데, 잎은 데쳐서 무치거나 비늘줄기를 간장에 조려

● 가짜 무릇 *Scilla scilloides*

서 반찬으로 먹기도 하고, 비늘줄기를 고아서 엿으로 먹기도 하였다. 알뿌리는 지란地蘭, 면조아綿棗兒, 천산天蒜, 지조地棗, 전도초근剪刀草根이라고 부르며 진통효과와 부종완화 효과가 있다.

제2부

붓다가 걸으신 그 길, 그리고 꽃과 나무들

붓다의 활동 영역과

성지 이야기

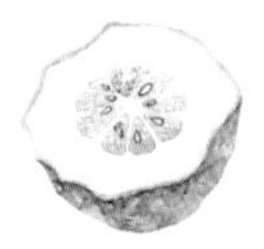

제2부에서는 식물을 성상별, 특징별, 용도별로 나누어 경관이 화려한 식물들, 향기가 있는 식물들, 먹을 수 있는 것들, 아픈 사람들을 살펴주는 것들, 일상생활에 도움을 주는 것들, 독이 있는 식물군 등으로 분류하여 정리하였다. 다만 식물의 특성상 보통 여러 가지 약성이나 활용도를 가지고 있어서 분류 자체가 무의미할 수도 있다. 따라서 그 약성, 일반용도, 활용면에서 복합적인 경우에는 부처님의 활동 지역 현지의 역사와 생활 속에서 우선시되고 중요시되었던 용도와 특성을 우선시하여 분류, 정리하였다.

즉 흔히 향기가 좋아 관상수나 조경수로서 알려진 식물일지라도 현지인들의 생활 속에서 밀접히 쓰일 경우는 편리함을 주는 식물군으로 분류하는 등 현지에서의 이용 우선순위를 분류의 기준으로 삼았다. 예를 들면, 무미엔화는 목면을 추출하지만 화려하게 붉은 꽃들이 지닌 장식의 비중이 커서 성지를 아름답게 하는 꽃과 나무로 분류되었고, 만병통치제로 차세대 명약으로 알려진 따나카나무 역시 수려한 외형의 아름다운 수종으로, 빈랑의 경우도 베틀후추와 함께 Paan의 재료로서 기호품이지만 나무 전 부분이 약성이 매우 뛰어난 나무이며 염색재로도 이용되는 식물이어서 치료 목적의 식물로 분류하였다.

식물 용도의 다양성을 몇 가지 예로 들어보면, 잘 알려진 코코넛야자도 일상을 편하게 하는 나무 군으로 분류되어 있으나 섬유, 연료로 이용하며, 독성식물로 분류한 크레이프 재스민의 경우 일부

종이 국내에도 있으며 일반 재스민처럼 아름답고 향기로운 꽃을 피운다. 특히 독성식물로 분류된 피마자의 경우는 우리나라에도 있는 식물로 약리 효과가 매우 뛰어나며 피마자유, 쌈으로도 이용한다.

붓다의 땅, 네팔과 인도의 자연 이야기

부처님의 길을 따라 식물 이야기를 짚어보기 위해서는 먼저 그 지역의 자연 환경에 대하여 살펴볼 필요가 있다. 이런 작업을 통해 해당 식물들에 대해 보다 용이하게 이해할 수 있을 것이기 때문이다. 부처님의 탄생지인 룸비니는 현재 남부 네팔 지역이다. 나머지 성지들, 즉 부처님의 족적을 발견할 수 있는 8대 성지를 중심으로 자연 환경에 대해 고찰해 보기로 하겠다.

1. 붓다가 탄생하신 룸비니가 있는 곳, 네팔

1) 네팔의 지형

네팔은 국토 면적이 147,181㎢로서 한반도의 약 2/3 정도의 크기이다. 북위 27~30° 이며, 동경 80° ~88° (우리나라는 북위 33~43°, 동경 124~132°)로 우리나라보다는 훨씬 서쪽에, 그리고 남반구 쪽에 위치하고 있다.

서쪽, 남쪽, 동쪽으로는 인도와, 북쪽으로는 중국의 티베트 자치구역과 국경을 접하고 있으며, 바다가 없는 내륙 국가로 국토는 80퍼센트가 산이고, 아열대 다우림 지역에서 고산지대까지 다양한 식물 생태계를 유지하고 있다.

네팔의 지형은 남쪽에서 북쪽으로 이어지는 4개의 지대로 나누어진다. 인도 국경을 따라 펼쳐져 있는 떠라이 평원, 산림으로 덮인 추리아 산기슭과 북쪽의 내內떠라이 지대, 산간 지역, 대 히말라야 산맥이 여기에 속한다. 떠라이 평원은 고도가 낮고(해발 180~360미터) 평평하고 기름진 곳으로, 너비 26~32킬로미터 가량 되는 갠지스 평원 북쪽과 연결되어 있다.

남쪽은 농업지역이며 산과 만나는 지점은 숲이 우거진 습지이다. 추리아 구릉과 내內떠라이 지대는 인구밀도가 낮으며, 험준한 머하바러트 산맥을 중심으로 해발고도가 600~9,100미터로, 산간 분지에는 숲이 우거져 있다.

네팔 내의 기후 조건은 지리학적 형태에 따라 변화가 심하다. 남부 지방에서 여름은 아열대이고 겨울은 온화한 반면, 북부 지방에서 여름은 시원하고 겨울은 혹독한 추위이다. 6월에서 9월까지 비를 몰고 오는 몬순Monsoon은 모든 지역에 영향을 준다.

네팔의 우기는 6~9월이고 1월 평균 기온은 11℃, 7월 평균 기온은 25℃이다. 전 국토 중 경지는 17%, 초원은 15%이며, 산림지대가 절반에 가까운 42%를 차지한다.

네팔의 지형은 농업에 적합한 충적토이며, 갠지스 평원으로부터 히말라야 산맥의 불모의 땅까지 급격하게 변화하는데, 상부 히말라야는 해발 4,000미터부터 8,848미터까지 자리 잡고 있다. 이곳은 국토 면적의 15퍼센트를 차지하는데, 그 아래의 낮은 지역에 비하여 비옥하지 못하여 경작은 미미하다.

중부 구릉 지대와 하부 히말라야는 국토의 68퍼센트로 가장 많은 부분을 차지하고 인구 밀도도 높은데, 온화한 기후로 땅은 상부 히말라야 지역보다 훨씬 비옥하다. 추리아 산맥이 비교적 낮은 반면 마하바라트 산맥은 해발 약 4,000미터 이상에 달하는 지역이다. 이 지역에는 수도인 카트만두와 포카라와 탄센 같은 유명한 관광지가 있다. 카트만두는 과거칠불의 발상지일 정도로 불교 역사와 밀접한 관계가 있기도 하다.

테라이(떠라이, Terai)라고 알려진 네팔의 평야 지대는 국토의 17퍼센트를 차지하는데, 네팔의 남부 지역 전체이고, 서쪽에서 동쪽까지 길게 펼쳐져 있다. 아열대 기후로서 땅은 비옥하고 많은 양의 곡식이 생산된다. 이 지역은 쌀농사를 경작하는 논이 많이 있으며, 야자수와 대나무가 분포한다.

2) 네팔의 기후

네팔의 기후는 크게 우기와 건기로 나눌 수 있지만, 4계절로도 구분할 수 있다. 봄은 2월 중순에서 4월까지로 많은 꽃들이 개화하며, 여름은 5월에서 8월까지이며 몬순 기간으로 비가 많이 내린다. 이 몬순 기간에 연 강수량의 80퍼센트 이상이 집중된다. 연간 강우량은 우리나라와 비슷하지만 몬순의 영향 여부에 따라 지역별로 큰 차이가 있다.

네팔의 기후적 특징은 남북으로 200~250킬로미터밖에 안 되는 지역 내에서도 아열대의 테라이에서 선선하고 건조한 중부의 기후와 북부 히말라야 산맥의 산악 기후까지 급변한다는 점이다. 국토에서 가장 더운 부분인 테라이의 여름철의 온도는 45℃까지 오르며 덥고 습하다. 하지만 중부 구릉 지대의 여름은 약 25~27℃로 상쾌하다. 겨울철의 테라이 지역은 7~23℃, 중부 산악과 계곡에서는 9~12℃ 정도이다. 그러나 북부 히말라야 산악 지역에서는 -30℃까지 내려가는 산악 기후를 보여주고 있다. 카트만두 계곡은 여름에는 상쾌하고 평균 기온이 19~27℃, 겨울에는 2~12℃ 정도로 활동하기 좋은 지역이다.

3) 네팔의 식생 환경

네팔에는 다양한 지형, 기후만큼이나 다양한 야생 동식물이 있다. 툰드라 기후의 식물, 선인장과 같은 사막 식물, 열대우림의 식물이 공존하고, 다양한 동물들과 수천 종의 곤충, 새, 나비 등이 있다. 네팔에는 고지대의 산과 저지대의 열대우림에 이르기까지 9개의 국립공원과 3개의 야생동물 보호구역이 있어서 아시아의 다른 지역보다 열대식물, 야생동물이 잘 보존되어 있다. 따라서 향후 경전에 있는 식물뿐 아니라 동물들과 곤충으로도 무궁무진한 이야깃거리를 제공할 수 있는 여지가 많다.

2. 붓다가 활동하고 잠드신 땅, 인도

인도는 힌두어로 Bhārat 또는 Bhāratavarsha(전설적 현인 군주인 '바라트의 땅'이라는 뜻)라고 부른다. 공식 이름은 인도 공화국(Republic of India)이다. 국토 면적이 세계에서 일곱 번째로 넓고 인구는 세계에서 두 번째로 많다. 동경 77° 00", 북위 20° 00"이며, 북서쪽으로는 파키스탄, 북동쪽으로는 중국·네팔·부탄, 동쪽으로는 미얀마와 국경을 접하며, 북동부는 방글라데시를 3면으로 둘러싸고 있다. 또한 남동쪽은 벵골 만, 남서쪽은 아라비아 해와 접한다. 남동쪽 앞바다에는 섬나라인 스리랑카가 있다. 면적은 3,166,414㎢이고, 인구는 12억여 명(2009 추계)이며, 수도는 뉴델리이다.

1) 인도의 지형

지형적으로 인도는 크게 3지역으로 구분된다.

첫째, 인도 북부를 동서로 가로지르는 세계적인 고산지대인 히말라야 산맥 지역으로, 이곳에는 해발 8,000미터가 넘는 수십 개의 고봉들이 자리 잡고 있으며 곳곳에 빙하와 설원이 넓게 펼쳐져 있다.

둘째, 인도 갠지스 평원으로 길이 2,400킬로미터, 너비 240~320킬로미터, 면적 100만㎢에 달하는 충적평야 지대이다. 이곳에는 인더스·갠지스·브라마푸트라 강이 북쪽의 산악 지역과 남쪽의 고원

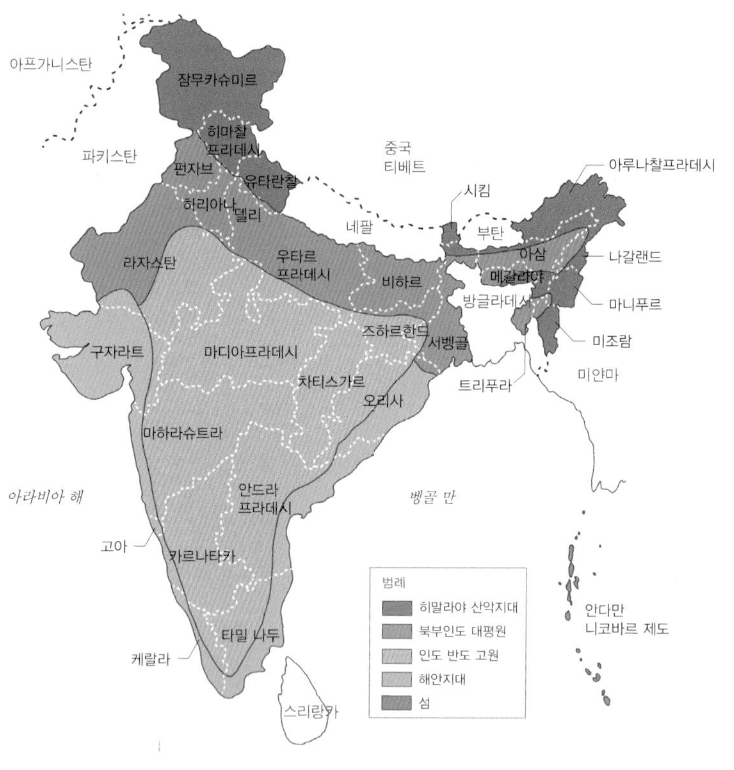

인도의 지형도

지역에서 많은 토사를 운반·퇴적시키면서 형성한 넓고 비옥한 평야 지대가 펼쳐지면서 평평한 저지대를 이루고 있어 해안 지역과 더불어 집약적인 농업이 행해지고 있는 인구밀집 지역이기도 하다.

셋째, 인도에서 가장 오래된 지층으로 이루어져 있는 곳은 지질 구조가 비교적 안정된 데칸 고원이다. 데칸 고원 지역은 동고츠·서고츠 산맥 및 북쪽으로 뻗어 있는 빈디아 산맥, 삿푸라 산맥을 경계로 다른 지역과 구분된다. 서고츠 산맥은 고원의 서쪽 끝에서 남북으로 뻗어 있으며, 아라비아 해 사면과 벵골 만 사면의 분수계를 이룬다. 데칸 고원을 흐르는 대부분의 하천이 서고츠 산맥에서 발원하여 벵골 만으로 유입된다.(두산대백과에서)

2) 인도의 기후

①세 계절이 있는 인도

인도의 기후는 대체로 열대계절풍의 영향을 받는데 계절풍은 6~9월에 습윤한 남서풍이, 12~2월에는 건조한 북동풍이 불며, 이로 인해 건기와 우기가 뚜렷하게 교차된다. 지역별 기후는 히말라야 고산지대의 한대성 기후와, 서북부의 사막 기후를 포함한 건조 기후, 그리고 중부에서 동부까지의 온대성 기후, 남부의 열대성 기후가 있으며, 계절별로 나누면 거의 비가 내리지 않아 건조하고 온화하면서도 때로는 한랭한 11~2월의 건조 한랭기, 기온은 매우 높으나 강수량이 적은 3~6월경의 건조 혹서기, 남서계절풍이 불어와 비가 많이 내리고 기온도 높아서 매우 무더운 6월경부터 10월까지의 습윤 고온기로 구분된다.

한편 인도의 기후는 지형과 몬순(남서계절풍) 시기에 따라 지역

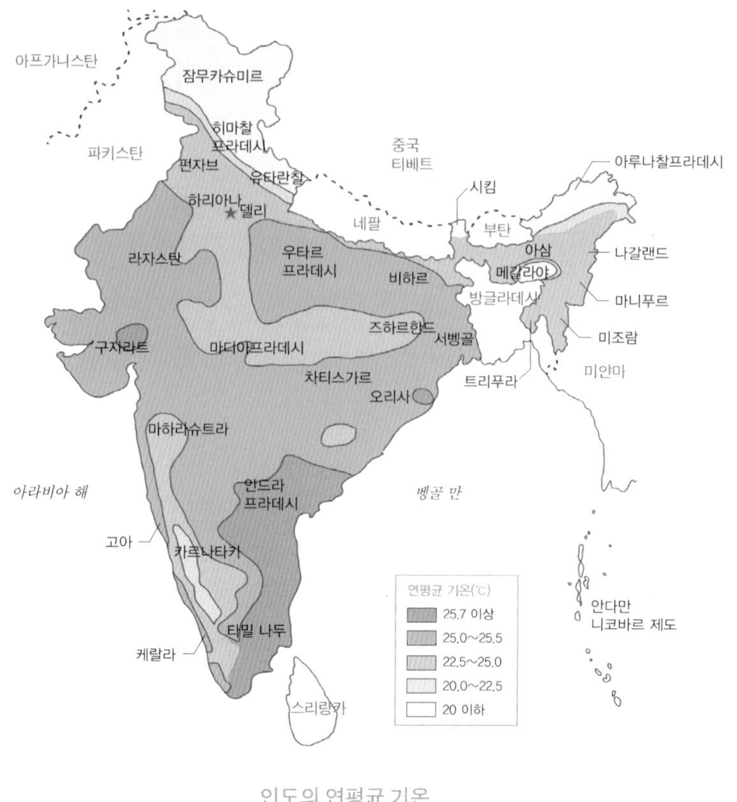

인도의 연평균 기온

간 기온·강수량·강수일수 등에 큰 차이가 있기 때문에 국가 전체의 평균 강수량이나 평균 기온은 크게 의미가 없다.

②기온과 강수량, 식생에 중요한 요인인 몬순

인도 기후의 주요 요인인 몬순의 경우, 남쪽의 인도양에서 북동쪽을 향해 인도에 내습해 5월말에서 6월초에 걸쳐 인도 남서쪽에 비를 내리게 한다. 이 비는 서고츠 산맥과 서해안 지대에 집중되고, 인도에서는 이 지역들이 최다우지로 손꼽힌다.

이후 몬순은 서고츠 산맥을 넘어서 북동쪽으로 이동하나 동쪽으로 갈수록 강수량은 적어진다. 연 강수량의 2/3 이상을 차지하는 몬순의 도래로 인도는 10월까지 4개월간 우기가 계속되는데, 몬순의 도래 시기와 강수량은 농사의 풍흉을 좌우하는 중대한 요인이다. 인도는 강수량에 따라 크게 4개 지역으로 구분되며, 북서부의 아삼·메갈라야 주 및 뭄바이에서 트리반드룸에 이르는 서해안 지역이 최다우지다. 메갈라야 주의 체라푼지는 연평균 강수량 11,430밀리미터를 자랑하는 세계적인 다우지이다.

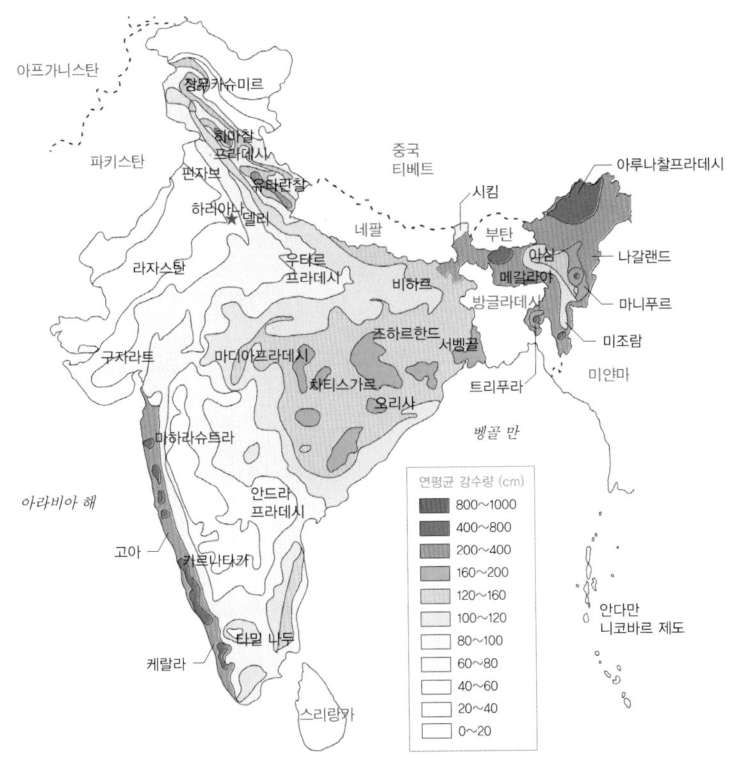

인도의 연평균 강수량

반대로 북서부 쿠치까지 뻗어 있는 라자스탄 사막 지역과 서쪽으로 길기트까지 뻗어 있는 카슈미르의 라다크 고원 일대는 과우지寡雨地로 유명한데, 이 지역에 속하는 타르 사막에서는 연평균 강수량이 100밀리미터에 불과하다.

인도의 기온은 강수량만큼이나 지역차가 크다. 연평균 기온을 보면, 히말라야 산악 지대의 다르질링·심라 같은 여름 관청 주재지는 12~14℃로 비교적 낮은 반면 갠지스 평원에 있는 델리와 알라하바드는 26℃, 히말라야 산맥 기슭에 있는 데라둔은 22℃, 최고 혹서지인 타밀나두 주의 팔라얀코타이는 29.5℃에 달한다. 해안 지대의 경우에는 서해안의 뭄바이가 28℃, 동해안의 첸나이가 29℃를 기록한다. 따라서 인도의 기후는 전국 평균보다는 지역적으로 산출한 평균 기온을 산출하는 것이 보다 합리적일 것이다.

3) 인도의 식생 환경

남북 간 위도 차가 크고 전체적으로 기후 변화의 폭도 크기 때문에 지역에 따라 매우 다양하고 풍부한 식생이 나타난다.

①서고츠 산맥 서쪽의 해안 지역에는 열대 식생이 풍부한데, 이곳에서는 열대 상품 작물의 재배가 활발하며 저지에서는 코코넛·빈랑·후추·생강·고무·바나나 등이, 고지에서는 커피·차·소두구 등이 주로 재배된다.

②북서부 인더스 강 유역의 펀자브·라자스탄·구자라트 주에는 기후가 건조하여 식생이 거의 없는 반면, 갠지스 강 유역에는 살나무(=사라수)를 중심으로 매우 다양한 삼림이 분포한다. 이 삼림지

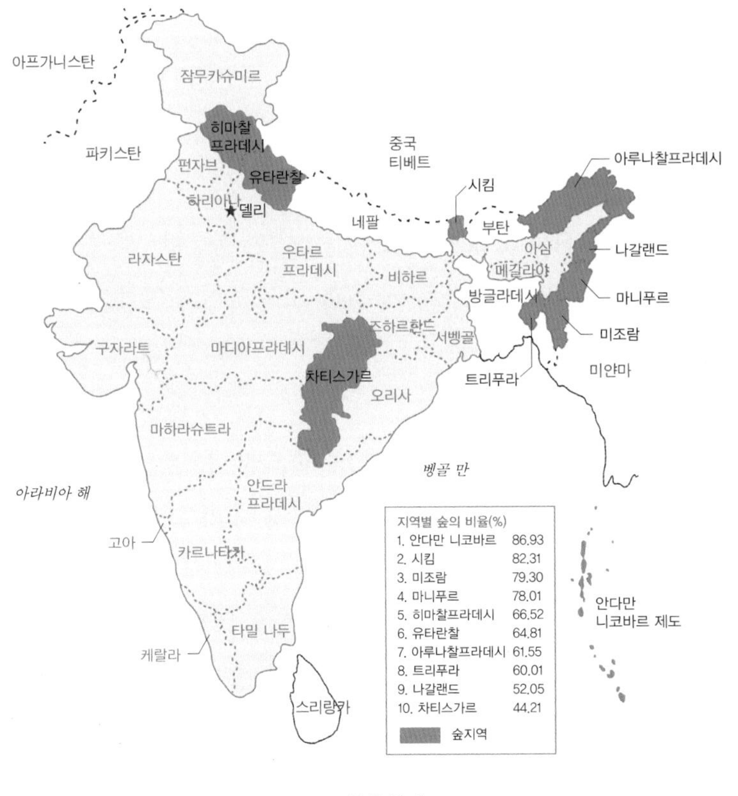

인도의 숲

대에는 자단이나 티크 같은 경목이 풍부하며 다양한 종류의 연목과 대나무도 자란다. 브라마푸트라 강 유역에도 키 큰 풀과 활엽수림, 대나무 숲이 무성하다. 야자나무는 건조한 데칸 고원의 특산물로, 동부 히말라야에서는 20종의 야자, 4,000여 종의 화초, 월계수·단풍나무·오리나무·자작나무·소나무·진달래·대나무 등이 자란다.

③ 서부 히말라야에서는 고도에 따라 식생이 다르게 나타나는데 고지에서는 전나무·자작나무·노간주나무 등이, 중간 지대에서는 히말라야삼나무·가문비나무 등의 침엽수림이, 저지에서는 살나무

가 많이 발견된다.

④ 안다만 니코바르 제도에는 주로 맹그로브·너도밤나무 등이 자란다. 인도에서 주로 재배되는 작물은 벼·밀·콩·옥수수이고, 과일은 망고·코코넛·빈랑·감귤류 등이다.

⑤ 히말라야 산맥의 계곡 지대에서는 사과·복숭아·배·살구·호두, 남부에서는 차·커피·소두구·후추·고무 등이 집약적으로 재배되며 키니네는 습지대에서 재배된다.

이 식생 환경을 토대로 인도의 식물 분포를 삼림의 특성으로 살펴보면, 인도의 식물은 전국적으로 약 3만 종에 이르며 열대 기원의 식물로부터 극 기원에 이르기까지, 사막의 선인장에서 열대의 정글에 가까운 상록수림까지 매우 다양한 양상을 보인다. 미얀마나 중국의 종種과 유사하고, 오스트레일리아·동아프리카 등 환인도양環印度洋 지역과도 어느 정도 식생상의 유사성을 지니고 있는 것이다.

식생구는 습윤 열대림·건조 열대림·아열대림·온대림으로 나뉘는데, 인도에서 가장 특징적인 삼림은 습윤 열대림에 속하는 열대 낙엽수림으로, 사과나무·티크·자단·백단 등 경제성이 큰 수종이며, 그 밖에 삼각주의 해안, 하구부河口部에는 조석潮汐의 영향으로 맹그로브*를 비롯해 식물학상 리조포라과·마편초과·멀구슬나무과·콤브레타과와 소네라티아과·자금우과·꼭두서니과·쥐꼬리망

* mangrove: 열대와 아열대의 갯벌이나 하구에서 자라는 목본식물의 집단으로, 줄기와 뿌리에서 많은 호흡근이 내리고 열매는 보통 바닷물로 운반되나 어떤 종은 나무에서 싹이 터서 50~60센티미터 자란 다음 떨어지는 것도 있는데, 이를 특히 태생식물이라고 한다.

초과에 속하는 나무들이 자란다.

건조 열대림은 연강수량 1,000밀리미터 이하 지역에 분포하는데 건조 상록수림·건조 낙엽수림·열대 유자관목림* 등으로 임상**이 바뀌며, 아라발리 산맥의 서부에는 불모의 사막이 전개된다. 아열대림으로는 떡갈나무·밤나무·너도밤나무·소나무 등이 있고 히말라야 산기슭에는 야생의 올리브가 무성하다.

온대림으로는 목련·월계수·석남*** 등의 고유종을 비롯하여 유칼리·키나**** 등의 외래종도 무성하나 대체로 활엽상록수와 침엽수의 혼합림을 이룬다.

---

* 유자관목림有刺灌木林: 장미, 선인장 등 가시가 있는 관목류

**임상(林床, forest floor): 산림 아래쪽에 살고 있는 관목, 초본, 이끼 등의 통칭

***석남(rhododendron): 철쭉(진달래속의 낙엽 활엽 관목)의 잘못.

****china: 기나나무(幾那). 키니네quinine를 추출하는 식물. 수렴제, 박테리아 살균, 마취에 사용. 꼭두서닛과의 상록교목으로 높이는 25미터 정도이며, 잎은 마주난다. 7월에 연분홍 꽃이 원추圓錐 화서로 피고 열매는 길쭉한 삭과蒴果를 맺는다. 나무껍질은 말라리아 치료제, 건위제, 강장제 따위의 약재로 쓴다. 볼리비아가 원산지로 자바 섬, 스리랑카 등지에서 재배한다. 유사어로는 규나수·금계랍나무. *Cinchona succirubra*.

24 물잔디/인수황초

학명 *Andropogon squarrosus*, *Vetiveria zizanioides*

과명 벼과/Poaceae

국명 인수황초印須芒草, 모근향茅根香, 물잔디(국표목록)

영명 Cuscus Grass, Khus Khus, Vetiver Grass, Vetiver Root, Vetivergrass

불교 경전 속에서의 이름 우시라優尸羅, 오시라烏尸羅, 오시라嗢尸羅
원어명(산스크리트어) Usira

『금광명최승왕경』 7, 『현응음의』 25, 『소실지갈라경』 상, 『선견율비바사』 15, 『법구경』, 『정법념처경正法念處經』 23, 『번역명의집』 8

우시라의 원산지는 인도, 동남아시아 등인데, 인도에서는 더운 여름에 우시라 뿌리를 묶어 짠 것을 건물의 창이나 출입문에 매달고 물을 뿌려 기화열을 이용한 냉방을 했다고 한다. 뿌리는 열병을 다스리는 약재로 불교 경전이나 고대 의학서 등에 수록되어 있다.

또한 뿌리는 땅속 깊이 그물처럼 퍼져 인도나 네팔에서는 토양 침식을 방지하는 목적으로 심고, 뿌리로 병풍이나 부채, 매트 등을 만들기도 한다. 또 뿌리의 분말은 의류용 방충제로 활용한다.

남부 인도의 우시라가 향기가 좋고 품질이 더 좋은 것으로 알려져 있으며, 인도와 스리랑카에서는 우시라 오일이 평안을 가져다주는 오일로 알려져 있다.

아로마 향으로서의 우시라 향은 베티버라는 이름으로 널리 알려져 있는데, 촉촉함을 머금은 흙냄새와 같은 향으로 편안한 느낌을 준다. 4~5년 된 굵은 뿌리를 방향제로 이용하는데, 뿌리에는 백단향과 같이 좋은 향이 있어 이것을 증류시켜 오일을 추출한다.

이 베티버 향의 작용과 효과로는 강장, 구충, 진정, 항 경련, 항균, 혈액순환 효과를 들 수 있으며, 진정 작용이 있어서 마사지나 목욕할 때 사용하면 긴장 완화에 도움이 된다. 세계적인 명품 브랜드인

겔랑Guerlain이나 샹테카이Chantecaille에서도 베티버Vetiver라는 이름의 고급 향수를 생산하고 있다.

베티버는 높이 60~150센티미터 정도의 다년생 식물이며 히말라야 산기슭이나 미얀마, 인도, 스리랑카 등지에서 자생한다. 강가, 호수, 늪지대 등 습지대에서 잘 자라며 녹색의 잎은 좁고 길며 톱니가 있어 잘못 잡아당기면 손을 베기도 한다. 억새처럼 튼튼하고 굵은 줄기가 총생하며, 가을에 줄기 끝에 15~30센티미터의 억새같은 꽃이삭이 나오는데 다갈색이다.

25 침향

학명 *Aquilaria agallocha*

과명 팥꽃나무과/Thymelaeaceae

국명 침향沈香, 밀향蜜香, 침수향沈水香, 가라수

영명 Lignum aloes, Agarwood

불교 경전 속에서의 이름 가라伽羅, 다가라多伽羅
원어명(산스크리트어) Tagara

『불설다라니집경』 10, 『대무량수경』, 『금광명최승왕경』 7, 『법화경』, 『중아함경』, 『대반열반경』, 『대방등대집경』, 『광대보루각선주비밀다라니경廣大寶樓閣善住秘密陀羅尼經』 7 「결단장법품結壇場法品」

경전에 나타난 식물들은 많은 부분 힌두 신화와 연관성이 있으며 이 침향 역시 그렇다. 즉 힌두교의 비슈누Vishnu 신에게는 열 가지의 화신이 있다고 전하는데, 그 화신 중의 하나인 크리슈나Krishna가 태어났을 때 놓여 있었던 것이 바로 침향이라 전하고 있다. 크리슈나는 인도인들에게 많은 사랑을 받는 신인데, 불교에서 부처님이 태어나서 걸을 때마다 연꽃이 피어났다고 묘사한 것과 유사한 신화이다.

그런 연유로 이 나무는 신의 이름과 같은 크리슈나로 불렀고, 현재 태국에서도 끄리싸나, 라오스에선 깨싸나라고 비슷하게 부르고 있다.

침향은 특히 불가에서 중요하게 여겼는데, 『법화경』에서는 침향이 하늘의 꽃비로 묘사되고 천상의 향으로 칭송되었다. 또한 침향은 가장 중요한 복장* 공양물로서, 복장의 가장 높은 곳이나 명치 부분에 안치될 정도로 중요하고 귀하게 여겼다.

* 복장伏藏이란 불상을 만들 때 그 부처님 안에 금·은·칠보七寶와 같은 보화寶貨나 서책書册 등을 넣는 것을 이르는 말이다.

우리나라 역사 속에서도 침향은 최고 권력자들이 소유하고 향유하였는데, 신라 헌덕왕은 왕명으로 진골 계급을 포함해 침향 사용을 엄격히 금지한다고 했고, 고려 의종 때는 금나라와 전쟁 중인 송나라가 고려를 우방으로 만들기 위해 침향을 선물하였다는 기록도 있다. 조선조에서도 왕이 즉위할 때 중국에서 이를 축하하기 위해 반드시 침향으로 만든 침향 공예품을 선물에 포함시켰다고 한다.

귀한 대접을 받아오던 침향은 21세기에 들어서서도 영화배우 마릴린 먼로가 사용한 것으로 유명한 샤넬사의 향수 '샤넬 No 5'의 주원료로 사용되는 등 최고급 향수의 원료로 이용되고 있다.

침향은 무엇보다 그윽하면서도 자극적이지 않은 향이 일품인데, 침향 자체는 냄새가 나지 않지만 일정한 온도 이상의 열을 받으면 그윽한 향기를 발하는 것이 특징이다. 침향은 마음이 안정되고 편안해지도록 도와주는데, 한약재로는 일정 온도 이상 되면 기를 발해 몸속의 나쁜 기를 내려주고 막힌 곳을 뚫어준다. 즉 기의 순환을 원활히 해주고 사기邪氣를 몰아내며 나쁜 균을 박멸하는 효능을 가지고 있다.

침향은 훈증을 하든, 복용을 하든 1회에 0.1~0.3그램 정도를 필요로 하며, 극히 적은 양에 비해 효과가 뛰어나다고 알려져 있다. 한의서에는 침향의 대표적 효능을 '하기下氣시키는 작용'이라 설명하고 있다. 하기란 기운을 가라앉혀 준다는 뜻으로, 스트레스와 전자파로 기운이 항상 상기上氣돼 있는 현대인들에게도 유용하다. 침향은 집중력을 향상시켜 주는 공진단拱辰丹의 재료로도 활용한다.

인도와 동남아시아 등지에 분포하는 침향은 침향나무에서 얻어지는데 둘레 2~3미터, 높이 30미터에 이르는 침향나무가 오랜 시간이 지나 수지(樹脂=resin, 나뭇진)가 침착沈着되고, 그렇게 침착된 수지가 나무 사이에 쌓여 생긴다. 품질이나 무게, 등급에 따라 가격 차이도 크며, 색깔이 짙고 무게가 많이 나갈수록 비싸다.

침향 약재는 1그램에 10~50달러(약 11,000~55,000원), 피우는 침향은 1그램에 2~9달러(약 2,200~9,900원) 수준에 판매된다. 특별한 모양을 갖춘 침향 덩어리는 천연 조각품으로 가치가 더 높아 킬로그램당 3~4억 원에 이르기도 한다.

아로마테라피에 이용되는 에센셜 오일도 고가여서 10밀리리터에 40달러(약 44,000원) 정도에 거래되고 있다.

26 유향나무/프랑킨센스

학명 *Boswellia sacra*, *Boswellia carterii*

과명 감람과

국명 유향乳香나무

영명 Arabian Frankincense, Bible Frankincense, Olibanum-Tree

불교 경전 속에서의 이름 훈육향薰陸香, 군두로軍杜魯
원어명(산스크리트어) Kunduruka

『법화경』, 『불설다라니집경』, 『광대보루각선주비밀다라니경』 7 「결단장법품」

이 나무의 줄기에 상처를 내어 흐르는 수액을 굳힌 것을 유향乳香이라 하며, 향료로서 오랜 역사를 가지고 있다. 유향은 고대 오리엔트를 통해 이집트로, 다시 그리스와 로마로 전해졌으며, 중국에는 8세기경 당나라 때 아라비아산 유향이 전해져 이를 훈육향薰陸香이라 불렀고, 우리나라에도 이때 소개되었을 것으로 짐작된다.

고대 이집트인들과 마찬가지로 인도에서도 이 향을 피우면 악령을 쫓아낸다고 믿었으며, 미용의 목적으로 사용하기도 하였다. 수지는 훈육향薰陸香, 명향明香 또는 유향乳香이라 하며, 통증 완화, 종기 제거, 아로마테라피, 흥분제, 류마티즘 치료제로 이용하며, 수지에서 얻어진 오일은 진통제, 이뇨제로서 사용하기도 한다. 한의학에서 유향은 '맛은 맵고 쓰며 약성은 온화하다'고 하며, 통증을 가라앉게 하고 종기를 없애는 효능이 있어 복통, 산후복통, 타박상, 근육통, 악성종양 등에 처방하였다.

성경에서도 유향은 값비싸고 귀한 향료로 선물이나 제사 용품, 진상품 등으로 기록되어 있는데, 특히 아기 예수가 탄생했을 때 동방박사 세 사람이 아기 예수가 있는 곳에 이르러 경배하고 드렸던 세 가지 예물(황금과 몰약, 유향) 중에 포함되어 있는 등, 성경 속에

20여 회나 등장하는 귀한 향료이다. 고대 이집트에서도 유향을 종교 의식에 사용했으며, 그리스 로마 신화 속에서도 유향나무가 등장한다.

또한 유향은 지중해 지방이 원산인 옻나무과의 피스타키아 렌티스쿠스*Pistachia lentiscus*에서 채취한 수지를 말하는 경우도 있는데, 이들은 영어로 마스틱mastic, 중국에서는 양유향洋乳香이라고 한다.

조금 생소한 식물인 것 같지만, 이 피스타키아 렌티스쿠스*Pistachia lentiscus*는 우리가 술안주 등으로 먹는 피스타치오와 같은 피스타키아 속의 식물로, 유향이라는 명칭은 나무줄기에서 유백색의 액이 나오는 모습이 젖과 같기 때문에 붙여진 이름이다.

이 식물이 속해 있는 감람과는 대부분 열대지방에서 자라며, 관목 또는 교목으로 껍질 속에 지방질의 진이 있는데, 나무의 진은 향료, 약용, 기름의 재료로 이용되며, 세계적으로 16속屬 320종種이 분포한다.

27 겨자/개자 백겨자/그린(오리엔탈)겨자/흑겨자

학명 *Brassica alba*(백), *Brassica juncea*(오리엔탈, 그린), *Brassica nigra*(흑)

과명 십자화과/Brassicaceae

국명 촉개蜀芥, 랄채자辣菜子

영명 Mustard, Indian mustard, Brown mustard, White Mustard

불교 경전 속에서의 이름 살리살발薩利殺跋=흑개자黑芥子, 사리사바薩利殺跋

원어명(산스크리트어) Asura(백개자), Sarsapa(흑개자)

『유마힐소설경』 중, 『잡아함경』 34, 『대루탄경』 2, 『소실지갈라경』 하, 『금광명최승왕경』 1, 『수능엄경』, 『불설칠구지불모심준제대명다라니경』

불교 경전에서의 개자(芥子, 겨자)는 수미산과 대비되어 극히 작은 물질에 비유된다. 경전 속에서는 겨자 알갱이가 작다는 것을 강조하여 아주 긴 시간의 단위인 '겁'을 붙여 '개자 겁'이라는 말을 빈번히 사용하고 있는데, 이는 아주 적은 양과 무한대의 시간을 나타내는 말이 복합된 역설적인 표현 방법이라 할 것이다. 인도에서는 꽤 오래전부터 '극히 작은 것'에 비유되곤 했다.

『능엄경』 속에서 "한 개의 겨자 알이라도 모두가 중한 과보가 있으니, 차라리 손을 끊을지언정 자기 재물이 아닌 것은 취하지 말고 항상 청렴한 마음을 갖고서 선근을 키워야 한다"고 하였고, 『법화경』 「제바달다품」에서는 "석가모니 부처님께서 한량없는 겁 동안에 어렵고 고통스러운 수행을 하시고 많은 공덕을 쌓아 깨달음의 도를 구하실 적에 일찍이 잠깐도 쉬는 일이 없으신지라, 삼천대천세계를 볼 때 아무리 작은 겨자씨만 한 땅이라도 이 보살이 몸과 목숨을 바치지 아니한 곳이 없으니, 이것은 다 중생을 위한 때문이다"라고 설하고 있다.

불교 경전뿐 아니라 성경에도 겨자가 등장한다. 겨자씨는 어떤 씨앗보다도 작지만, 겨자씨 한 알만 한 믿음이라도 있으면 못할 일은 하나도 없을 것이라는 말로, 비록 작은 믿음이라 해도 중요함을 역설하고 있어, 성경에서도 겨자씨는 극히 작은 것으로 묘사되어 있음을 알 수 있다.

영어 표현에서 'mustard seed(겨자씨)'라 하면 '큰 발전의 가능성을 간직한 작은 일'이라는 뜻으로 비유되기도 하는데, 극히 작은 것인 까닭에 무엇이든 이룰 수 있는 기초가 된다는 의미일 것이다.

겨자는 갓의 씨이며 백겨자(Brassica alba), 흑겨자(Brassica nigra)와 오리엔탈 겨자(Brassica juncea)라 부르는 그린 겨자가 있다. 겨자는 중요한 향신료일 뿐만 아니라, 고대부터 씨를 이용하는 약초로도 널리 알려져 있는데, 어린잎은 괴혈병 치료제로 알려져 있고, 기억력 향상, 권태감 해소, 기력 회복에 효과가 있다.

민간요법으로는 소화 촉진제로서 매운 겨자가루를 따뜻한 물로 반죽하여 종이에 펴서 배에 붙이고 10~15분간 두었다가 떼고 그 자리를 뜨겁게 찜질하기도 하며, 흑겨자의 씨를 끓는 물에 달여 마시기도 한다.

Mustard라는 명칭은, 로마인들이 이 씨를 잘게 빻아서 새 포도주의 조향제로 사용한 데서 비롯된 것으로서 라틴어 mustum(must, 포도즙)과 ardens(burning, 강렬한 매운맛)의 합성어이다.

겨자 종류는 배추, 양배추, 순무, 브로콜리 등이 속해 있는 십자화과 식물이다. 십자화과 식물들은 2년초 또는 일년초로 주로 밭에서 재배하는데, 원산지는 중앙아시아로 추측되며, 지금은 각처에서 널리 재배되어 많은 품종이 육성되었다.

28 차

학명 *Camellia sinensis*, *Thea sinensis*

과명 차나무과/Theaceae

국명 차나무

영명 Black Tea, Common Tea, Green Tea, Tea, Tea Plant

불교 경전 속에서의 이름 차茶. 각萻. 설蔎. 천荈

원어명(산스크리트어) Syamaparni

『화엄경』

중국에서 시작된 차는 불교의 전파와 함께 주변국에 전해졌다. 차는 원래 인도나 중국에서도 불교와 깊은 관련이 있으며, 불교 전래 과정과도 일치한다. 인도에서는 차가 식품이면서 일찍부터 종교 의식에서 제물로 많이 이용되었으며, 부처님께는 말할 것도 없고 죽은 영혼에게도 차를 공양했다.

우리나라에서도 차례茶禮라는 용어에서 엿볼 수 있듯이, 과거에는 술이 아닌 차를 조상에게 공양물로 올렸음을 짐작할 수 있다.

또 석굴암의 중앙 본존 석가모니불 오른쪽 제석천 옆에 찻잔을 든 문수보살이 부처님께 차 공양을 올리는 모습이 새겨져 있는 점이나, 사찰에 객승이나 대중들에게 차를 대접하는 다당茶堂이라는 곳이 존재하고, 참선회나 수련회를 전후한 행다行茶 의식을 통해 차를 대접하며 예를 갖추는 등 불교와 차는 매우 밀접한 관계라 할 수 있다.

『삼국유사』에 따르면 가락국 김수로왕의 왕비가 된 아유타국의 허황옥 공주가 종자를 가져와서 심었다고 하고, 『삼국사기』에는 828년(흥덕왕 3)에 대렴大廉이 당나라에서 종자를 들여와 지리산에 심었다고 기록하고 있는데, 현재는 경남의 하동군과 사천군, 전남의 장흥군, 영암군, 보성군, 구례군, 순천시 및 광주광역시 등이 주산지이다.

차나무는 병충해에 강하며, 찻잎은 카페인과 탄닌, 질소, 단백질, 비타민 A와 C, 무기염류 등을 함유하고 있어 각성 작용과 이뇨, 강심, 해독, 피로회복 작용을 한다. 차나무의 종자는 화장품과 식용으로도 이용되며, 씨앗에서 짜낸 기름은 비료나 가축의 사료로도 쓰이고 비누의 대용으로도 이용한다.

차나무는 중국의 호복성胡服省, 사천성四川省, 운남성雲南省 일대에서 재배되는 중국대엽종中國大葉種, 중국 동남부와 한국, 일본, 대만 등지에서 많이 재배되고 주로 녹차용으로 사용되는 중국소엽종中國小葉種, 인도 아쌈, 매니푸, 카차르, 루차이 지방에서 주로 생육되고 있는 인도종印度種, 샨 지방이라 불리는 라오스, 태국 북부, 미얀마 북부 지방에 분포하는 샨종으로 분류할 수 있다.

우리나라에서 자생하는 차나무는 중국소엽종 계열로서 온대성 기후에 알맞고 추위에도 강하여 녹차 만들기에 적당한 품종이며, 인도종은 홍차 만들기에, 중국종은 백차, 오룡차, 떡차 만들기에 좋은 품종이다.

차나무를 식물학적으로 보면 다년생 상록 관목으로, 원산지는 중국의 쓰촨성, 윈난성, 구이저우성에서 미얀마, 인도의 아삼 지방으로 이어지는 산악 지대인 것으로 추정된다.

29 감국

학명 *Chrysanthemum indicum, Dendrathema indicum*

과명 국화과/Compositae

국명 감국甘菊, 진국眞菊, 금정金精, 절화節華

영명 mother's Daisy, Indian dendrathema

불교 경전 속에서의 이름 구소마(俱蘇摩, 拘蘇摩)
원어명(산스크리트어) Kusoma, Chandramallika

『혜림음의』 상, 『번역명의집』 8

감국이 속한 국화 속屬의 식물들은 동양에서 재배하는 관상식물 중 가장 역사가 오래된 꽃이며 사군자의 하나로 귀히 여겨왔다. 예로부터 중양절에 국화주를 마시면 무병장수한다고 하였는데, 특히 황국黃菊, 즉 감국甘菊은 신비한 영약으로 이를 달여 마시면 장수한다고 믿어 왔으며, 장수를 기원하는 의미에서 환갑·진갑 등의 헌화로도 사용하였다. 유교적 관념에 비추어 볼 때도 국화는 의義를 지켜 꺾이지 않는 선비 정신과 일치하며, 불교에서는 만물이 나고 죽는 것을 색色이 곧 공空인 이치로 인식하듯이, 국화도 그러한 의미의 지시물로 생각하였다.

감국은 국화과의 여러해살이풀로 꽃을 말려서 술에 넣어 마시고, 어린잎은 나물로 쓴다. 이 식물은 NASA의 연구결과 실내 공기 오염을 감소시키는 효과가 있는 것으로 보고되어 있으며, 줄기와 꽃의 추출물은 항면역결핍, 항세균, 항진균성 등 다양한 방면의 잠재적 의료 목적에 유효하다. 한방에서도 감국甘菊이라 하여 열감기와 폐렴, 기관지염, 두통, 위염, 장염, 종기 등의 치료에 처방하는 식물이다.

이 꽃이 속한 국화과는 전 세계에 956속 2만여 종이 분포하며, 우리나라에도 과꽃·국화·수리취·금잔화 등 390여 종이 있다. 감국(C. indicum)의 모양은 산국과 비슷하나 꽃이 좀 커서 지름 2.5센티미터 정도이다.

30 육계나무

학명 *Cinnamomum tamala*, *Cinnamomum tejpata*

과명 녹나무과/Lauraceae

국명 육계肉桂나무

영명 Cassia Vera, Indian Cassia, Tamala Cassia

불교 경전 속에서의 이름 시계柴桂
원어명(산스크리트어) Tamalapattra, Tamalpatra

『대무량수경大無量壽經』

자주 혼동하는 육계나무와 계피나무는 모두 녹나무과의 식물이다. 육계는 일반적인 계피와 마찬가지로 껍질에 향기를 가지고 있어서 계피를 대신해 이용하기도 하고, 계피桂皮와는 식물학적으로 속명은 같으나 종이 다르다.

성경의 출애굽기, 욥기, 시편, 잠언, 에스겔, 요한계시록 등에 그 기록이 남아 있고, 성소의 분향에도 쓰이는 귀중한 향료의 하나였다고 기록되어 있는데, 성경 속에서도 육계와 계피를 혼용하여 기록했다는 것이 성서학자들의 주장이고 보면, 불교 경전 속에서도 개연성이 없지 않은 부분이다. 육계는 중국 남부와 인도 등지가 원산지이며 인디언 카시아*Cinnamomum tamala* 또는 카시아 시나몬이라고도 한다. 인도에서는 잎을 건조시켜서 요리의 향신료로 쓰며, 수피는 시나몬의 대용품으로 이용한다.

육계의 껍질은 가는 가지 쪽이 더욱 달고 맛과 향을 더 많이 느낄 수 있는데, 원기 회복과 비위를 따뜻하게 하고, 혈액 순환을 촉진시키는 효능이 있는 약재로 수피를 그대로 이용하거나 수피를 다소 제거해 사용한다. 인도 등지에서는 요리의 재료로 많이 쓰인다. 육계의 어린 껍질을 말려 담황갈색의 종이처럼 얇아진 것을 몇 장씩 포개어 돌돌 만 것이 'Quill'(권곡)이라는 고급품의 육계이다.

학명 *Cinnamomum*은 cinein(말려든다)와 amomos(비난없이)의 합성어로 '동그랗게 말려 있는 좋은 향기의 껍질'이란 뜻이며, 계피가 말려 있는 모양을 묘사하고 있다.

육계는 대체로 높이 10여 미터에 지름 30~40센티미터 정도 자라는 늘 푸른 나무로, 껍질은 오랜 시간이 지나도 갈라지지 않고 매끄러운 흑갈색이다. 잎은 삐침형으로 길이가 10여 센티미터에 이르는데 잎을 따서 비벼도 향이 난다. 열대와 아열대지방에서 45속屬 1,000여 종種이 자라며, 한국에는 7속 14종이 분포하며 참식나무, 까마귀쪽나무, 생강나무 등이 녹나무과에 속한다.

육계와 자주 혼돈하기도 하며 우리에게 매우 익숙한 계피桂皮의 학명은 *Cinnamomum verum* 또는 *Cinnamomum zeylanicum*이고, 영명은 Cinnamon, Ceylon cinnamon, true cinnamon이며, 원산지는 스리랑카이다.

이용 부위는 잎, 줄기, 뿌리, 열매, 수피 등인데, 수피는 아시아와 아프리카에서 요리에 사용하며, 유럽에서도 디저트나 음료수의 풍미를 더하는 데 이용한다. 즉 시나몬 파우더에 감미를 더하여 허브 쿠키를 만들거나 토스트에 뿌리며, 음료수 향료로도 쓰인다. 약재로서의 계피는 감기약, 생리통 완화와 지사제로 이용한다. 잎, 수피, 줄기, 뿌리에서 채취한 에센셜 오일은 식품과 향수의 향으로 사용되지만 피부에 염증을 일으킬 수 있거나 자연 유산의 원인이 될 수 있으므로 임신 중에는 피하는 것이 좋다. 특히 육계는 신腎을 잘 보하므로 오장과 하초下焦에 생긴 병을 치료한다. 이 나무의 수피인

계지를 계수나무(Cercidiphyllum japonicum Sieb. et Zucc)의 줄기라고 하는 것은 잘못 알려진 것이며, 이 나무는 약용하지 않는다. 계지는 육계의 가는 줄기로 사기邪氣를 강하게 발산시키는데, 류계柳桂, 모계牡桂, 육계피肉桂皮, 관계官桂, 대계大桂, 목계木桂, 자계紫桂라고도 부른다.

31 샤프란/크로커스

학명 *Crocus sativus*

과명 붓꽃과/Iridaceae

국명 번홍화番紅花, 장홍화藏紅花, 박부람泊夫藍, 철법랑撒法郎, 샤프란

영명 Saffron, Saffron Crocus

불교 경전 속에서의 이름 울금향鬱金香, 다구마荼矩摩, 차구마荼矩磨
원어명(산스크리트어) Kashmiirajan, Kashmiiran, Kumkuma, Nagakeshara

『대승본생심지관경』, 『근본설일체유부비나야』 3권, 『금광명최승왕경』 7. 15, 『소실지갈라경』 상, 『현응음의』 25, 『번역명의집』 8, 『아육왕전』 4

『대승본생심지관경』에 의하면 울금화는 시든 것일지라도 다른 싱싱한 꽃보다 가치가 있듯이, 정견正見을 가진 비구도 이와 같아서 중생보다 백천만 배나 훌륭하다고 이른다.

『근본설일체유부나야』*에서도 가장 부피가 작고 가벼우면서도 가치 있는 것 중 하나로 울금향을 들고 있다.

울금향은 붓꽃과의 샤프란을 이르는 말로, 경전 속에서는 부피가 작지만 매우 가치 있다는 의미로 자주 인용되곤 한다. 고대 인도에서는 샤프란의 암술머리를 증류하여 황금색의 수용성 직물염료를

* 『근본설일체유부나야』 제3권에는 물건의 가치를 논하고 있다. "물건은 서로 다른 네 종류로 나눌 수 있다. 첫째는 무게가 무거워서 가치가 있는 것이요, 둘째는 가볍지만 아주 값진 것이 있고, 셋째는 무거우면서도 쓸모없는 것이 있으며, 넷째는 가볍고 가치도 없는 것이다." 네 가지 물건 중에서 세 번째의 가장 부피가 작고 가벼우면서도 가치 있는 것이 무엇일까? 여기에 답한 것이 몇 가지 있는데 바로 아름다운 무늬를 수놓은 비단과 울금향, 그리고 소읍미라蘇泣迷羅이다. 소읍미라는 산스크리트 어로 수크스마일라(Suksmaila)라고 하는 향료이다. 적은 양으로도 짙은 향기를 내뿜기 때문에 매우 값진 물건에 속한다.

얻었으며, 부처님이 열반에 드신 이후에는 제자들이 가사袈裟에다 물을 들이는 공식 염료로 이용하였고, 몇몇 나라에서는 왕족의 복장 염색에 이용하였다.

수용성임에도 불구하고 인도에서는 이 샤프란을 미용, 화장용은 물론 종교적 목적의 염료로 사용하는데, 인도 계급사회에서는 샤프란을 이용해 착색을 하는 것을 부의 척도로 여기기도 하였다.

중세 서양에서도 샤프란 꽃의 암술머리에서 채취한 샤프란 색소를 비단 염색하는 데 사용하였는데, 특히 보라색을 고귀한 색깔로 여긴 중세 서양에서는 성직자들이 입는 보라색 성의를 염색할 때 이 샤프란 색소를 이용하였다. 기독교에서도 구약성경 중 아가서 등에 샤프란이 등장한다.

세계적으로도 최고로 값비싼 염료인 샤프란의 암술머리는 우울증에, 꽃차는 현기증과 편두통에 효과가 있으며, 소화제와 독소 제거, 최음제로서의 효능이 있고, 관절염, 천식, 간 질환의 치료에 도움을 주며 열을 내리게 한다고도 알려져 있다. 한방에서도 사프란을 번홍화番紅花라 하여 진정鎭靜, 진경鎭痙, 통경通經제로 사용하며, 편두통, 현기증, 우울증 등에 효과가 있다고 한다.

디저트, 채소 요리, 쌀 요리 등에 다양하게 이용하기도 하는 샤프란은 다년생 초본으로 유럽 중남부, 북아프리카, 소아시아 등에 많이 분포하며, 개량종을 포함하여 80여 종이 있다.

32 용뇌수/빙편뇌향나무

학명 *Dryobalanops aromatica, Dipterocarpus dryobalanops*

과명 이엽시이우시과/Dipterocarpaceae

국명 용뇌龍腦, 빙편뇌향나무(氷片腦香), Kapur목

영명 Borneo Camphor, Camphor Tree, Malay Camphor, Sumatra Camphor

불교 경전 속에서의 이름 용뇌향龍雷香, 겁포라劫布羅
원어명(산스크리트어) Karpura

『금광명최승왕경』 7, 『소실지갈라경』 상, 『유가사지론』 3, 『광대보루각선주비밀다라니경』 7

열대 지역에 자라는 늘푸른큰키나무인 용뇌향은 남양군도와 인도 지방에 분포한다. 용뇌라는 명칭은 약재가 매우 귀중하다는 의미를 부여하기 위하여 용龍을 붙인 것인데, 희고 반짝이는 얼음과 같고 매화 잎 같다는 뜻으로 빙편뇌氷片腦 혹은 매화뇌梅花腦라고도 부른다.

용뇌龍腦는 용뇌향(Dryobalanops aromatica 龍腦香) 나무의 구멍에서 흘러나온 수지 또는 수간(나무줄기, tree trunk)과 가지를 썰어 수증기로 증류하여 얻은 백색의 결정체로 편뇌片腦, 용뇌향龍腦香, 용뇌龍腦, 빙편氷片, 매화뇌梅花腦, 매편梅片, 뇌자腦子, 갈파라향羯婆羅香, 미뇌米腦, 속뇌速腦, 금각뇌金脚腦, 창룡뇌蒼龍腦 등의 여러 가지 명칭이 있으며, 심재에는 방향성 물질인 보르네올borneol이 들어 있어 옛날부터 향료로 사용하였다. 용뇌유龍腦油는 안약 및 치통 등에 이용하며, 눈을 밝게 하고 마음을 진정시키지만 장복을 하지는 않아야 한다. 특히 힌두교도는 이것을 향료로 사용한다.

이 나무의 크기는 50미터 이상이며 Dryobalanops 속屬의 나무들을 Kapur목이라 하며 가구와 침목, 선박재로 이용한다.

[33] 참파카 초령목/황화수黃華樹

학명 *Magnolia champaca ,Michelia champaca*

과명 목련과/Magnoliaceae

국명 첨복瞻蔔, 황화수黃華樹, 금색화수金色華樹

영명 Joy Perfume Tree, Champaca, Fragrant Champaca, Yellow Jade Orchid Tree

불교 경전 속에서의 이름 첨복수瞻蔔樹, 첨파가瞻波迦, 점박가占博迦
원어명(산스크리트어) Champaka

『법화경』 17「분별공덕품」·23「약왕보살본사품」·26「다라니품」, 『장아함경』 18, 『관세음보살수기경』, 『현응음의』 2·8·21, 『선견율비바사』 3, 『번역명의집』 3

참파카가 불교와 인연을 맺게 된 이유는, 참파카의 기름이 향이 좋아 불전에서 등 공양에 사용되었기 때문일 것이다. 나무껍질 역시 향이 좋아 공양용으로 태우기도 했는데, 『법화경』에도 참파카(첨복)를 태우는 것을 큰 공덕이라 이르고 있다. 또한 참파카는 악취를 없애는 향나무라는 점 때문에 여러 경전 속에서 악한 사람도 감화시킬 수 있는 스승 또는 친구, 계행의 향기로서 묘사되고 있다.

이 나무는 힌두의 신인 비슈누에게 바쳐진 것으로 전해져 힌두교 사원에서도 심고 있다. 일반적으로 이 나무의 목재는 광택이 뛰어나고 제재와 가공이 용이하며 내구성이 좋아 종교적 물품을 만드는 데 쓰지만, 인도에서는 이 나무를 숭배하기 때문에 베지 않는다.

이 나무는 샴푸라는 단어의 기원이기도 하다. 샴푸란 말은 18세기 영국에서 '마사지'라는 뜻으로 사용되었는데, 근육을 문질러 마사지한다는 뜻을 가진 힌두어 'Champo'에서 음만 차용한 단어로, 어원을 거슬러 올라가면 'Champa'에서 유래한 것이다. 이는 이 꽃에서 향유를 추출하여 향이 진한 머릿기름을 만들어냈기 때문이며, 특히 참파카 워터는 세계적인 향수의 원료로 사용될 만큼 향기가 뛰어나고 기미와 주근깨 해소, 미백과 피부 재생의 효과도 있다.

참파카는 피라미드형으로 키가 약 30미터나 되고 광택이 나는 잎을 가진 거대한 나무로, 꽃은 노란색에서 오렌지색으로 봄가을에 피며, 심홍색 또는 갈색의 씨가 송이를 이루어 달린다.

이와 비슷한 종인 초령목(招靈木, *Michelia compressa*)은 키가 12미터인 일본산 교목으로 2.5센티미터의 향기 나는 노란색 꽃이 피며 관상용으로 심는다. 초령목이란 이름은 이 나무의 가지를 불상 앞에 꽂는 풍습이 있어 붙여진 이름이다. 국내에서 자생종이 멸종한 것으로 알려진 초령목은 2010년 4월 신안군이 초령목의 버려진 가지를 이용해 삽목으로 대량 증식에 성공하였다고 밝히기도 했다. 현재 국내에는 국립산림과학원 난대아열대산림연구소 유전자원 보존원과 제주도 서귀포 계곡에 단 두 그루가 자생하고 있다.

또 하나의 종류인 미켈리아 피고*M. figo*는 중국이 원산지로 가장자리가 붉고 노란색의 꽃을 피워 미국 남부에서 많이 기르고 있는데, 꽃의 향기가 좋아 사원이나 정원에서 많이 볼 수 있다. 참파카가 속한 목련과는 우리 주변에서 자주 볼 수 있는 튤립나무*Liriodendron tulipifera*와 같이 관상용 식물로서 가치가 높다.

34 홀리 바질

학명 *Ocimum sanctum*, *Ocimum tenuiflorum*

과명 꿀풀과/Lamiaceae

국명 홀리 바질

영명 Holly Basil, Sacred basil, Ram Tulsi

불교 경전 속에서의 이름 아리阿梨, 안두가頞杜迦
원어명(산스크리트어) Manjary, Andukamanjari

『법화경』 5「총지품」·7「다라니품」, 『명의집』 3, 『공작경孔雀經』 상, 『불모대공작명왕경佛母大孔雀明王經』 상, 『혜림음의』 35, 『법화의소』

인도에서 비슈누 신에게 바쳤다고 하는 Ram Tulsi라는 홀리 바질은 요리에 향신료로 사용하거나 방향성 오일을 만들어 아로마테라피에 쓰는 식물로, 'Tulsi'라는 원어가 뜻하는 것처럼 약효에서도 '비교할 만한 것이 없는' 기적의 허브이다. 홀리 바질은 재배 자체가 숭배의 대상이 되며 신들에게 바치는 식물로서, 포기 전체에서 정향 같은 강한 향기가 나므로 힌두교에서는 성스러운 향초香草로 숭앙한다.

이름처럼 약성이 매우 뛰어나 잎은 해열, 해독, 설사, 변비에 유용하며, 식욕부진, 감기, 호흡 곤란 등과 식중독, 편두통, 두통 등의 통증 완화에 효과가 있다. 특히 홀리 바질은 대기 정화의 효과가 탁월하며, 키친 허브라고 할 정도로 요리에도 다양하게 이용된다. 우윳빛의 꽃과 방향 때문에 이탈리아나 남프랑스 요리에는 빠질 수 없는 재료이다.

35 가니가라수/카낙참파

학명 *Pterospermum acerifolium*

과명 벽오동과/Sterculiaceae

국명 카낙참파

영명 Maple-leaved Bayur tree, Dinnerplate tree, Mayeng, Kanak Champa

불교 경전 속에서의 이름 가니가수迦尼迦樹, 가니할라迦尼割羅
원어명(산스크리트어) Kanika, Karnikara

『대반열반경』 9, 『혜림음의』 25, 『번역명의대집』

향기롭고 아름다운 흰 꽃이 피는 나무이다. 인도에서 미얀마에 이르는 서아시아가 원산지인 이 나무의 꽃은 향수로도 쓰이고 벌레를 쫓는 데도 쓰인다. 커다란 잎은 정찬용 접시 또는 포장재로 이용하기도 하며, 잎의 크기가 약 30센티미터 정도나 될 정도여서 지붕을 이는 데도 사용한다.

학명 *Pterospermum acerifolium*의 속명인 'Pterospermum'은 두 개의 그리스어에서 비롯되는데 'Pteron'와 'Sperma', 즉 '날개 달린 씨'라는 의미이다.

이 나무가 속한 벽오동과는 열대와 아열대에서 자라는 교목, 관목, 풀 등으로 이루어진 12속이 있는데, 한국에서 자라는 벽오동과 식물에는 4속 5종이 있고 이 중에서 벽오동*Firmiana simplex*은 중국이 원산지이고, 한국에서는 주로 남부 지방에서 심고 있으나 경기도 지방에서도 겨울 내내 자란다.

36 단향/백단

학명 *Santalum album*

과명 단향과檀香科/Santalaceae

국명 백단(白檀-일본), 단향(檀香-중국), 백단향白檀香

영명 Chandana, Sandalwood, East Indian Sandalwood

불교 경전 속에서의 이름 전단栴檀, 전탄나栴彈那, 전다나栴檀娜
원어명(산스크리트어) Chandana, Candana

『대방광불화엄경』「입법계품」, 『법구경』 4, 『법화경』 23「약왕보살본사품」, 『중아함경』, 『무량수경』 상, 『수능엄경』 7, 『관세음보살수기경』, 『혜림음의』 3, 『현응음의』 23, 『관불삼매해경』 1, 『번역명의집』 3, 『대일경소』 7, 『가섭부불반열반경』 26, 『광대보루각선주비밀다라니경』 1, 『금광명최승왕경』 15「대변재천녀품大辯才天女品」

불교 경전 속에서 침향 등과 함께 강하고도 좋은 향을 내는 나무의 대명사처럼 등장하고 있는 백단은 명상과 최음 효과가 뛰어나 '중독의 향기'로 부르기도 한다.

진정 작용, 집중력 강화, 각성 작용이 있어 고대부터 힌두와 요가 수행자들의 수행을 돕는 필수 도구로 사용되어 왔으며, 우울증, 불안증, 불면증 등의 치료에 사용되기도 했다.

따라서 인도에서 자생하는 수많은 식물 중에서 가장 신성한 나무로 여겨지고 있으며 불상, 염주, 목걸이, 장신구, 향, 오일 등을 만들 때도 백단으로 만든 것을 가장 귀한 것으로 여긴다. 생활 속에서도 백단은 나무상자나 부채 등 공예품으로도 널이 이용되며, 일부는 의학적인 목적에 사용한다.

목재의 가운데 부분과 뿌리 부분을 수증기로 증류해서 얻은 단향유(sandal oil)는 비누와 화장품의 향료로 사용하는데, 백단오일은 피부미용에 뛰어나 피부노화 방지 및 주름살을 펴주는 효과가 있다고 알려져 있다. 심재는 화농 독을 해소하고, 뿌리는 피부병과 협심증, 위장병, 우울, 불안, 불면증 치료에 쓰인다.

백단을 이용한 건강식으로는 생맥산과 함께 여름철 보약으로 꼽히는 제호탕醍瑚湯*을 들 수 있다.

단향나무는 단향과로 높이 4~9미터까지 성장을 하는데, 반기생식물로 발아 후 얼마 동안은 자기 혼자 힘으로 살아가다가, 곧 다른 식물의 뿌리에 기생하여 양분을 얻지만 숙주 식물에 큰 피해를 주지는 않는다. 인도네시아 자바 섬 동부가 원산지로 태평양 지역을 중심으로 분포하며 타이완, 중국 등지에서도 재배한다.

자단紫檀은 콩과의 *Pterocarpus santalinus L*의 나무속살로서 인도 남부와 중국 남부 등지에서 생산되며, 붉은 색을 띠므로 백단나무와 구별이 된다. 한방에서 화농독을 해소시키는 데 사용되며 물감의 원료나 가구재로 널리 사용된다. 우리나라에서는 향나무의 나무속을 자단향이라고 하여 한방에 쓰기도 한다.

* 제호탕은 오매육(매실 열매), 초과, 사인, 백단향의 약재를 곱게 갈아 꿀을 졸인 것과 함께 중탕해 두었다가 찬물에 타먹는 것으로 여름에 갈증을 없애고 더위를 물리치는 약성 음료이다.

37 안식향나무

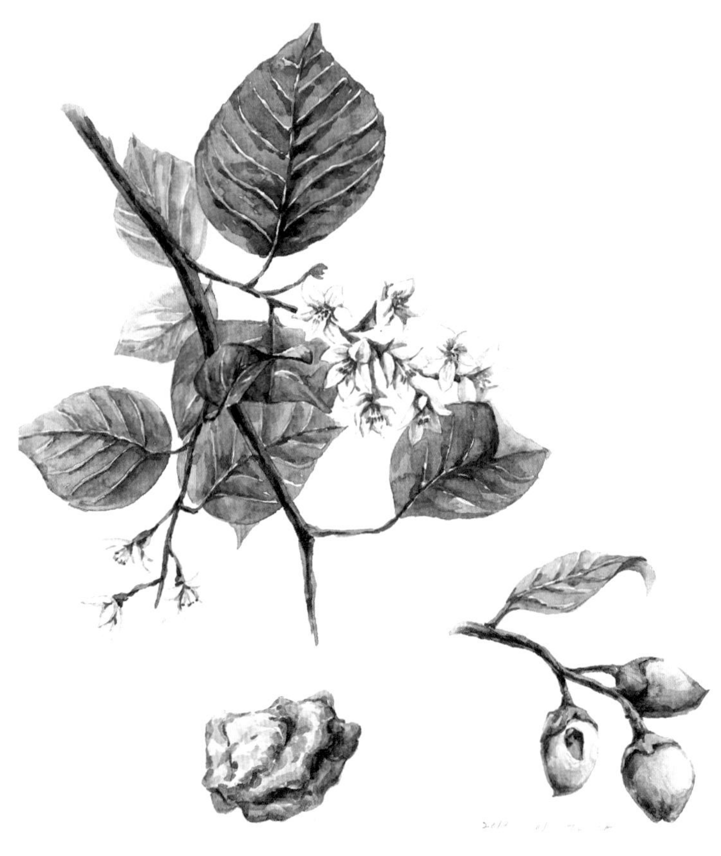

학명 *Styrax benzoides*, *Styrax officinalis*, *Styrax tonkinensis*

과명 때죽나무과/Styracaceae

국명 *Styrax benzoides* 전남안식향滇南安息香나무, 졸패나향拙貝羅香, 수안식水安息

Styrax officinalis 소합향나무(蘇合香樹)

Styrax tonkinensis 월남안식향越南安息香나무, 백화수白花樹

영명 Siam Benzoin, Drug Snowbell, Styrax, Benzoin

불교 경전 속에서의 이름 안식향安息香, 졸패나掘具羅, 구나求羅, 구굴라窶具攞, 국굴라局崛羅

원어명(산스크리트어) Guggula(굴구라)

『대무량수경』, 『유가사지론』 44, 『현응음의』 4, 『번역명의집』 3, 『광대보루각선주비밀다라니경』 7 「결단장법품」, 『금광명최승왕경』 15 「대변재천녀품」

이 나무가 속한 Styrax 속은 수마트라, 월남, 태국, 자바, 말레이시아, 인도, 이란 등지에 분포한다. 나무껍질의 상처에서 흘러나온 유액이 굳은 것을 안식향이라고 하는데, 안식향은 나쁜 기운을 물리치고 모든 사기를 편안하게 진정시키기 때문에 붙여진 이름으로 패라향貝羅香이라고도 한다.

안식향은 일반적으로 *Styrax* 속의 수지로 우리나라와 일본에서는 *Styrax benzoin*을, 중국에서는 *Styrax tonkinensis*를 가리키며, 수지의 함량은 *Styrax benzoin*이 *Styrax tonkinensis*보다 높다.

한방에서는 진정제로 가끔 쓰이는데, 대표적인 처방으로는 안식향산安息香散이 있다.

향으로서의 안식향은 긴장과 스트레스 완화에 좋으며, 폐와 기관지에 좋고 소화에 도움을 주기도 하며, 갑작스러운 심장 부위의 통증을 가라앉히는 효능이 있다. 또한 습기가 많고 찬 곳에 오래 있어서 복통과 설사를 심하게 일으킬 때에도 복부를 따뜻하게 해 주면서 복통을 치유하는 효능이 있다. 하지만 졸음이 오기도 하므로 집중력을 요할 때는 사용을 피하는 것이 좋다.

에센셜 오일은 향수와 화장품의 원료가 되기도 하며, 증기를 흡입하면 감기나 목이 부었을 때 증상을 가볍게 해준다. 벤조인은 아로마테라피에 사용하기도 하지만 알레르기의 원인이 될 수도 있으므로 주의해야 한다.

38 아무라/베각

학명 *Amoora rohituka*, *Andersonia rohituka*

과명 멀구슬나무과/Meliaceae

국명 베각, 아무라

영명 Bekak, Amoora, Pithraj tree

불교 경전 속에서의 이름 구타사마리拘吒賖摩利
원어명(산스크리트어) 쿠타사말리(Kutasalmali), Roheetaka

『기세경』5, 『혜림음의』5

이 나무는 동쪽의 필리핀에서 인도까지, 남동쪽은 솔로몬 군도까지 동남아시아 열대 전역과 남태평양 모든 지역 등에 널리 분포되어 있으며 20~30미터까지 자란다. 잎은 길이가 30~60센티미터인데 3월에서 9월에 걸쳐 꽃이 피며, 나무는 내장, 합판, 제재목과 송판으로 유명하다. 목재의 수입명은 Amoora이다.

의학적으로 나무껍질은 간 질환, 종양 및 복부 불쾌감 등에 사용되며, 종자유는 류머티즘에 사용된다. 이 나무가 속한 멀구슬나무과는 교목과 관목으로 이루어진 50속屬이 있으며 열대와 아열대 지역이 원산지이다. 우리나라에는 멀구슬나무가 있으며, 중국에서 들여온 참죽나무도 있다.

39 꺼럼빠얀/카담바

학명 *Anthocephalus cadamba*

과명 꼭두서니과

국명 꺼럼빠얀, 카담

영명 Cadamba, Common Bur-Flower-Tree

불교 경전 속에서의 이름 가담파迦曇婆, 가탐파迦耽婆
원어명(산스크리트어) Kadamba

『대루탄경』 1, 『기세경』 1, 『보살염불삼매경菩薩念佛三昧經』 1, 『불공견본사품』

상엽 수목으로 꺼럼빠얀 또는 카담이라 부르는 이 나무는 힌두교의 3대 신인 비슈누의 화신 중 하나로 인도에서 매우 신망 받는 신인 크리슈나와 관련된 신성한 나무이다. 따라서 인도에서는 기념우표에도 이 나무가 소재가 될 정도로 친근한 나무이다.

kadam은 인도, 버마, 파키스탄, 필리핀, 인도네시아에서, 그리고 세계 여러 지역에서 불리는 일반적인 목재의 시장 상품명이기도 한데, 동남아시아와 동인도 및 필리핀이 원산지이지만 열대 아메리카에 속성수로 도입, 식재하고 있다.

꽃은 둥근 공처럼 생겼고, 노란색 꽃 주위에는 흰 선이 있어 태양을 잘 받아들일 수 있는 반사판 역할을 한다. 이 나무의 잎은 가축사료로, 뿌리의 껍질은 황색 염료로, 꽃은 향유의 원료로, 나무의 껍질은 강장제로 사용하는데, 잎은 양치를 하기도 하고 당뇨 치료에도 이용된다. 무엇보다도 이 나무는 노란 공 모양의 꽃이 가득 피어 눈을 즐겁게 해주는 나무이다.

40 자주 소심화/난초나무

학명 *Bauhinia purpurea*

과명 콩과/Leguminosae

국명 자주 소심화, 난초蘭草나무

영명 Orchid Tree, Butterfly Tree, Mountain Ebony, Purple Bauhinia

불교 경전 속에서의 이름 구비타라拘毘陀羅, 구비라拘毘羅
원어명(산스크리트어) Kovidara

『법화경』 6·19품, 『기세인본경』 6-6권, 『잡아함경』 19권, 『불본행집경』 49권, 『숫타니파타』 1장, 『화엄경탐현기』 20, 『대반열반경』 1, 『법화의소』 11, 『혜림음의』 25, 『번역명의집』 8

많은 경전에서 향기롭고 아름다운 꽃으로 묘사되는 자주 소심화는, 인도에서는 꽃이나 어린잎을 골라서 카레 요리의 재료로 이용하기도 하고 꽃봉오리와 꼬투리는 피클 요리로도 사용한다.

목재는 적갈색의 반점이 있어 잘 다듬으면 곱고 아름답기 때문에 영어로 마운틴 애보니mountain ebony라 번역하며 산흑단山黑檀이라고 부르기도 한다. 이 나무를 흑단의 일종으로 보는 것은 바로 이 영명에서 비롯된 것이지만 진짜 흑단(감나무과, *Diospyros ebenum*)과는 관련 없는 식물이다.

이 나무의 수피는 쓰임이 많아 약으로는 지혈제와 수렴제, 천식과 궤양에 이용하거나 염료와 가죽 손질 시에도 사용하지만, 뿌리는 맹독성이어서 적은 양으로도 정신을 잃는다. 소심화라 부르는 이유는 꽃이 자줏빛을 띤 붉은색의 난 꽃과 비슷하기 때문이며, 낙엽성 큰키나무지만 환경이 습윤하고 따뜻하면 낙엽이 지지 않기도 한다.

41 목면화

학명 *Bombax ceiba*, *Bombax heptaphyllum*

과명 물밤나무과/Bombacaceae

국명 목면화木綿花, 목화나무

영명 Cotton Silk Tree, Cotton Tree, Red flowered Silk-Cotton Tree, Kapok Tree

불교 경전 속에서의 이름 살마리, 사말, 사마리舍摩利, 사마舍摩

원어명(산스크리트어) Salmali, Samal, Shaalmali, Shalmali, semal

『과거현재인과경』 1권 31·153, 『기세경』, 『기세인본경』

일반적으로 목화나무라 알려져 있는 목화 속의 식물로 붉은 꽃이 1~3월에 피어나 거리를 아름답게 수놓는다. 열매는 탁구공 크기만하며 3~4월 중에 볼 수 있는데 솜과 같은 흰 섬유를 생산한다. 열매는 베개, 퀼트, 소파 등의 속을 채우는 데 이용되기도 하지만 과일은 절임 음식으로도 이용한다. 나무껍질은 동물들의 공격으로부터 보호하기 위해 돌기가 돋아 있는데, 목재로도 활용 가치가 높아 가벼운 보트 등을 만드는 데 쓰인다. 이 나무는 인도 내륙은 물론 동남아시아와 동아시아, 서부 아프리카 등에 널리 분포되어 있다.

이 나무를 케이폭 트리Kapok tree로 볼 것인가의 문제가 있는데, 사실 케이폭이라 부르는 종류는 여러 가지이다. 많은 문헌에서 *Bombax ceiba*를 Kapok Tree라 부른다고 수록되어 있으나 일반적으로 다양하게 이용하는 케이폭나무는 *Ceiba pentandra*라는 판야속의 나무이다.

그럼에도 불구하고 이 나무 역시 Kapok Tree라 부르는데 달리 Cotton Silk Tree, Cotton Tree라 부르며, 학명이 *Ceiba acuminata*인 종류 역시 Kapok Tree, Pochote, Silk Cotton Tree라 부른다.

목면화는 물밤나무과인데 과일의 왕이라 부르는 두리안과 우리나라에서 실내 조경용으로 많이 키우는 파키라가 속한 과이기도 하다.

42 화몰약수/앵무새나무

학명 *Butea frondosa*, *Erythrina monosperma*

과명 콩과

국명 화몰약수花沒藥樹, 바라

영명 Flame of the Forest, Palas, Parrot Tree, Bastard Teak

불교 경전 속에서의 이름 화몰약수花沒藥樹, 견숙가堅叔迦
원어명(산스크리트어) Kimsuka, Palas, phalasa

『과거현재인과경』, 『대보적경』 1, 『혜림음의』 11, 『현응음의』 24

이 나무는 불교 경전 속 식물들 중에서 가장 큰 비중을 차지하고 있는 콩과의 식물로서, 불교에서는 물론이고 힌두 신화에서도 중요한 나무로 인식되고 있다. 이 나무의 꽃잎들 중 뒤로 젖혀진 하나를 제외한 세 장의 잎은 인도 신화 속의 비슈누, 시바, 브라흐마 신과 비유되어 성스럽게 여겨지며, 불교, 특히 밀교 의식에서 사용되는 나무이기도 하다. 즉 악령을 쫓는 퇴마 의식을 불교에서는 호마護摩라고 하는데, 부처님께 공양을 올리고 가피를 구하는 밀교의 매우 중요한 의식 중 하나이다.

이 나무는 락충(Lac蟲)의 가장 중요한 숙주나무이다. Lac은 나뭇가지와 함께 잘라 적색계 염료로 사용되는데, 락충은 아시아에서 자라는 연지벌레로 아메리카 대륙의 코치닐cochineal, 유럽의 커미즈kermes와 함께 천연재료인 3대 곤충 염료 중 하나이다.

락충에 의해 적색 염료를 추출해 내는데, 이 중 코치닐 색소는 다국적 커피 체인점 스타벅스가 친환경 재료로서 곤충 추출 색소로 이용한 적도 있다. 하지만 코치닐 색소 1파운드를 만드는 데 7만 마리의 연지 딱정벌레가 필요하다는 사실이 알려지면서 채식주의자들의 반발과 여론의 악화로 토마토로 붉은색으로 대신한 일이 있기도 하다.

앵무새나무는 비교적 건조한 평원 들판에서 6~12미터 정도로 자라는데, 잎이 떨어진 가지에 진홍색의 꽃이 오밀조밀 피어 있는 모습이 먼 곳에서 보면 마치 불꽃과 같다고 해서 '숲의 불꽃(Flame of forest)'이라 부르기도 한다.

또한 네 장의 꽃잎 중에 가장 밑에 있는 꽃잎이 뒤로 젖혀져 앵무새의 부리처럼 보이기 때문에 앵무새나무(Parrot tree)라는 명칭도 있다. 이 나무의 잎은 접시로도 사용하며, 목재는 분재와 숯 재료로도 이용된다.

43 용화수/호동

학명 *Calophyllum inophyllum*

과명 물레나물과/Guttiferae

국명 용화수龍華樹, 호동(胡桐, punnag)

영명 Alexandrian Laurel, Indian-Laurel Beauty Leaf, Oil-nut Tree

불교 경전 속에서의 이름 용화수龍華樹, 분나가奔那伽, 나가계살라那伽雞薩羅

원어명(산스크리트어) Pumnaga, Nag champa, Punnaga

『미륵하생경』, 『대일경소』 7, 『금광명최승왕경』 15 「대변재천녀품」

용화수는 사찰의 용화전龍華殿에 모셔진 후불탱화 속의 나무이다. 절에 다녀본 사람들은 다 알겠지만, 사찰에는 대웅전과 관음전, 미타전(극락전) 등 여러 전각이 있고 각각의 전각에 주 부처님(主佛)과 협시보살들을 모시고 있다. 용화전이란 미래불인 미륵보살이 용화세계에서 중생을 교화하는 것을 상징하는 법당으로 미륵전이라고도 하는데, 우리나라에서는 미륵불을 모시는 경우가 많다. 이는 미륵불이 세상에 내려와 중생을 구원해 주기를 바라는 내세 신앙이 발달하였기 때문이기도 한데, 이 용화전의 협시불로 법화림보살과 대묘상보살 또는 묘향보살과 법륜보살을 세우며, 후불탱화로 흔히 용화수 아래에서 설법하는 용화회상도龍華會上圖나 용화세계와 도솔천의 광경을 묘사한 미륵탱화를 모시고 있다.

이러한 미륵 신앙과 관련된 대표적인 경전을 살펴보면 『불설미륵대성불경』 등 모두 여섯 종류인데, 이 가운데 『불설관미륵보살상생도솔천경』(미륵상생경), 『불설미륵하생경』, 『불설미륵대성불경』을 일컬어 '미륵삼부경'이라 한다.

용화수는 색깔이 고운 잎을 가졌으며 5~6월경 순백색의 꽃을 피우는 아름다운 상록수이다. 이 나무는 열대 아시아의 중요한 경제 수종의 하나로, 종자에서는 기름을 짜고 수피에서는 구충제를 추출하며, 방풍수나 정원수로 심기도 하고 목재는 가공이 쉬워 널리 이용하기도 하는 주요 수종이다. 녹황색의 공 모양인 열매는 기름을 많이 함유하고 있는데, 씨와 열매에서 추출된 기름은 녹색으로 향기가 있으며 dilo oil 또는 pinnai oil이라 부른다. 이 기름은 비누의 원료는 물론 약재로 이용되고 있는데, 흉터 개선, 안티박테리아, 항신경통, 항염증 작용을 한다고 알려져 있다. 또한 나무껍질은 구충제로도 이용된다.

이 나무가 속한 물레나물과는 45속 1,100종이며, 우리나라에서 보는 물레나물과 식물은 망종화와 물레나물이 있다.

44 공작야자/Sago야자

학명 *Caryota urens*

과명 야자과/Palmae

국명 공작야자, sago야자

영명 Jaggary Palm, Fishtail Wine Palm, Kitul Palm, Sago Palm

불교 경전 속에서의 이름 말타末陀, 마타摩陀
원어명(산스크리트어) Mada, Madya

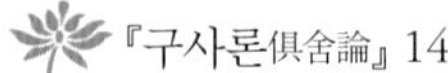『구사론俱舍論』 14

이 나무는 공작야자라고 부르는 종류 중의 하나이다. 공작야자라고 부르는 종류는 여러 가지이지만 특히 이 종류는 수액에서 조흑설탕粗黑雪糖을 얻을 수 있고 와인을 만들 수 있어, Jaggary Palm 또는 Fishtail Wine Palm이라고도 하는 동남아산 공작야자이다.

또한 이 나무 관속에서는 sago라 부르는 밀가루같은 녹말 성분을 얻을 수 있다. 무엇보다 외형이 아름다워 관상수로서 적당한 나무인데, 공작야자라고 부를 수 있는 야자들은 Philippines fishtail palm(*Caryota cumingii*)와 Giant fishtail palm(*Caryota gigas*), Chinese fishtail palm(*Caryota ochlandra*), Burmese fishtail palm(*Caryota mitis*) 등이 있다.

45 골든샤워트리/독 라차프록

학명 *Cassia excelsa*, *Spectacular Cassia*

과명 실거리나무과/Caesalpiniaceae

국명 골든샤워 트리

영명 Golden Shower Tree, Golden Shower Cassia, Indian Laburnum

불교 경전 속에서의 이름 가니가迦尼迦, 가니가수迦尼迦樹, 가니할라迦尼割羅
원어명(산스크리트어) aragvadha, kritamala

인도의 의서 『아유르베다』에서는 이 나무를 'aragvadha', 즉 질병 킬러(disease killer)로 부르고 있다. 이 나무의 열매는 해열과 관절염 예방, 신경계 질환 치료와 광범위한 지혈제, 심장 질환과 위산 역류 질환에 유효하다고 되어 있으며, 검은 과육과 뿌리는 변비 완화제로 이용되기도 한다.

줄기는 중요한 의식에 이용되며, 특히 태국에서는 완벽한 모양의 꽃이라 하여 불교의 나무로 여기기도 한다.

골든샤워 트리는 10미터에서 20미터까지 자라는 속성수이며 화려한 황금색 꽃나무로 거리를 아름답게 꾸며주는 나무이다. 독라차프륵Dok Rachapruek은 태국에서 흔히 볼 수 있는 꽃나무로 20~45센티미터의 가지에서 노란색 꽃을 피우는데 4월에 개화를 하여 전국에서 이 꽃을 볼 수 있다.

골든샤워 트리가 속한 실거리나무과는 교목, 관목 및 약간의 풀로 이루어진 과로 대부분 열대 지역이 원산지이며, 이 과에서 가장 큰 속屬은 특히 서반구에 많이 자라는 Cassia 속으로 500여 종을 포함하고 있다.

46 개잎갈나무/히말라야시다

학명 *Cedrus deodara*

과명 소나무과/Pinaceae

국명 개잎갈나무, 희말라야시다, 백향목柏香木, 설송雪松

영명 California Christmas Tree, Compact Deodor Cedar, Himalayan Cedar

불교 경전 속에서의 이름 밀향榓香, 몰향没香
원어명(산스크리트어) Devadaru

『법화경』 1, 『법화의소』 4, 『현응음의』 7

이 나무의 학명은 *Cedrus deodara*이며 학명 중 속명에 해당하는 '*Cedrus*'는 '향나무'를 의미하는 그리스어 '케드론kedron'에서 유래했다고 한다. 종명 'deodara'는 현대 인도어 'deodar'에서 왔는데, '신의 나무'를 뜻하는 산스크리트어 'devadaru'가 어원이다. 히말라야 소나무(*Pinus longifolia* 53번) 역시 데바다루라 부르는 나무 중 하나이다.

그 이유는 추운 곳에 살면서도 아주 오래 살 뿐 아니라 목재의 가치도 높았기 때문일 것이다. 나무의 높이는 30~50미터, 지름 약 3미터에 달하는 히말라야시다는 가지가 수평으로 퍼지고 작은 가지에 털이 나며 밑으로 처지는데 관상용, 공원수, 가로수로 심으며 건축재와 가구재로도 이용한다.

심재는 주로 향이나 아로마 오일을 만드는 데 이용되는데, 히말라야시다의 에센셜 오일은 주로 말 혹은 소 등의 가축에 해충을 쫓는 데 이용된다.

원산지는 히말라야이며 히말라야 산맥과 인접한 중국에서는 이 나무를 설송雪松이라 부르고 북한에서도 같은 이름으로 부르고 있다. 이 나무는 늘 푸르고 가지도 길게 뻗어 눈이 내리면 운치가 있으나 덩치에 비해 뿌리가 깊지 않아 태풍에 아주 약하다.

47 우산잔디/버뮤다 그래스

학명 *Cynodon dactylon*

과명 벼과/Poaceae

국명 우산잔디, 우산대바랭이

영명 Bermuda Grass, Cocksfoot-Grass, Devilgrass

불교 경전 속에서의 이름 골루초骨婁草, 굴로초屈露草, 구아근狗牙根
원어명(산스크리트어) Kukura, Niladurva

『성가니분노금강동자보살성취의궤경聖迦柅忿怒金剛童子菩薩成就儀軌經』, 『금강정경』, 『하리제모진언경訶利帝母眞言經』

이 식물은 우리가 흔히 우산잔디라 부르는 Bermuda Grass이다. 골프장의 러프(긴 잔디)에 해당되는 거칠고 억센 잔디인데, 잎이 넓고 포복형으로 생장이 빠르지만 난지형 잔디로 내한성이 약하다. 5월에서 9월까지 약 5개월가량 푸른데, 자생력이 강하고 병충해에 강한 것이 장점이다.

이 잔디가 속한 잔디의 종류에는 서양 각국의 정원이나 공원의 잔디밭을 이루는 대표적인 품종인 왕포아풀*Poa pratensis* 또는 켄터키 블루그래스가 있고, 잔디 중에서 가장 품질이 좋은 잔디로 골프장에 이용되는 품종인 벤트그래스도 있다. 이 외에도 페스큐그래스, 라이그래스가 있다.

48 자단/장미목

학명 *Dalbergia latifolia*, *Dalbergia oojeinensis*

과명 콩과/Leguminosae

국명 장미목(일종), 거등苣藤, 거등자苣藤子

영명 Rosewood, Sandan

불교 경전 속에서의 이름 아제목다가阿提目多伽, 아제목다阿提目多, 아저목다가阿底目多伽, 전단栴檀, 자단紫檀

원어명(산스크리트어) Atimuktaka, Akshaka, Ashmagarbhaka, Bhasmagharba

『대보적경』, 『법화경』, 『대방광삼계경』, 『불본행집경』, 『방등경』, 『불설보살행방편경계신통변화경』, 『잡아함경』, 『혜림음의』 12·26·27, 『번역명의집』 8

뒤에서 다룰 선사화*Hiptage Benghalensis*와 함께 Atimukta, Atimuktaka(阿提目多, 阿提目多伽, 阿底目多伽)로 부르는 첫 번째 식물인 자단은 불교 경전에 주로 전단栴檀이라고 수록되어 있다.

자단(紫檀, red sanders/red sandalwood) 자체도 두 가지로 기술되어 있는데, 원래 자단*Pterocarpus indicus*은 콩과의 상록 소교목으로 같은 종種의 나무들을 일컫는 말이지만, 가까운 종은 물론 다른 속屬의 나무들까지도 자단이라 칭한다.

그러나 자단 속의 목재들은 열탕 또는 암모니아수로 침출했을 때 형광성의 발현 유무로 구분이 가능하다.

또 하나의 자단은 같은 콩과의 장미목(sandan, *Dalbergia oogeinensis*)인데 처음에는 장미향이 난다고 하여서 로즈우드라고 하였다가, 이후 비슷한 모양의 목재를 모두 로즈우드라 통칭하게 되었다. 목재가 붉은 빛이 돌기 때문에 로즈우드 역시 '자단'이라고도 한다는 것이다. 즉 자단은 샌달우드와 로즈우드를 포함한 여러 나무를 총칭하는 좀 더 큰 개념으로 이해할 수 있다.

Dalbergia latifolia, 즉 장미목(일종)은 거등苣藤, 거등자苣藤子라 하며, Dalbergia 속屬의 많은 나무들 또한 로즈우드라고 칭한다. 이 나무는 심재에서 산탈린santaline이라는 혈적색소血赤色素를 추출하며, 후추를 넣은 뿌리의 즙은 각종 안질환에 유용하고, 나무의 껍질은 각종 상처에 이용하기도 한다.

한방에서는 이 나무와 같은 속에 속하는 *Dalbergia odorifera* (Fragrant Rosewood)의 뿌리의 심재心材를 강향황단降香黃檀·강진향降眞香이라는 약재로 사용하는데, 기와 혈의 순환을 촉진하고 출혈을 멎게 하고 부기를 가라앉히고 통증을 없애며 타박상, 어혈 및 위병 외상 출혈에 지혈 작용을 한다.

49 만다라화/상아화

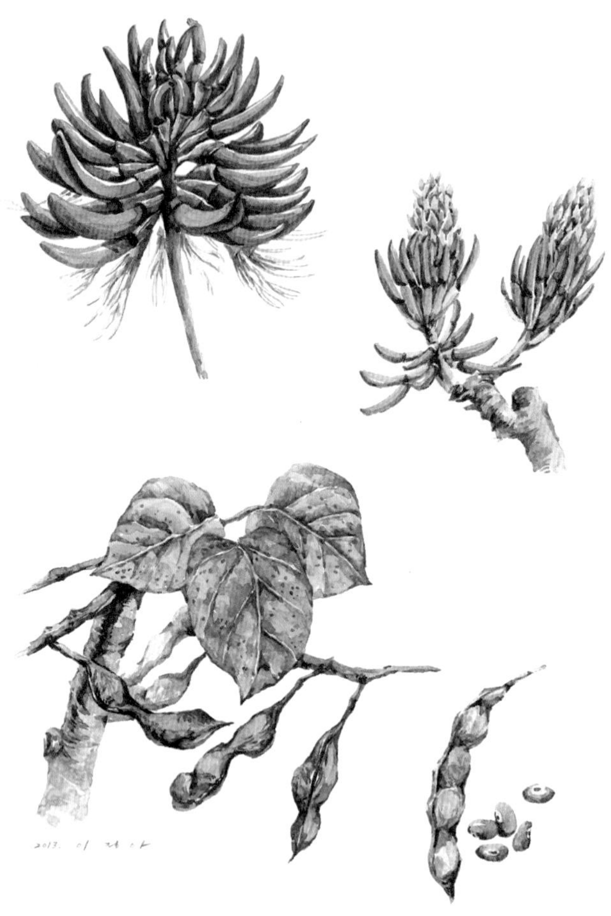

학명 *Erythrina indica*

과명 콩과/Leguminosae

국명 홍두화, 파리질다수, 만다라화曼陀羅華, 상아화象牙花

영명 Indian Coral Tree, Mandara, Sunshine Tree

불교 경전 속에서의 이름 파리질다수波利質多樹, 파리질다라波利質多羅, 만다라화曼陀羅華

원어명(산스크리트어) Mandara, Parijata

『법화경』「서품」·3「비유품」·16「여래수량품」·17「분별공덕품」·19「법사공덕품」,『대반열반경』14,『과거현재인과경』3권 99·153,『화엄경탐현기』201,『장아함경』18·20,『대루탄경』1·3·4,『기세경』1·7,『잡아함경』19,『대보적경』115,『정법념처경』11,『관세음보살수기경』,『대승이취육바라밀다경大乘理趣六波羅蜜多經』3,『아육왕경』7

우리나라에서는 쉽게 볼 수 없는 식물이지만 인도에서는 짧은 겨울이 끝나면 제일 먼저 피는 꽃 중의 하나로, 경전에 자주 등장하는 식물이다.

중국에서는 꽃이 상아처럼 생겼다고 해서 상아화象牙花라고 하는데, 생장이 빨라 목재가 치밀하지는 않으나 가볍고 세공도 쉬워 목조 세공에 많이 쓰인다. 원산지는 남아메리카, 브라질로 알려져 있는데 *Erythrina cristagalli*, *Erythrina bidwillii*, *Erythrina suberosa*, *Erythrina latissima* 등의 유사종 중 황금목이라 부르는 Erythrina cristagalli는 우루과이의 국화로도 잘 알려져 있다.

서양에서 이 나무는 음이 비슷해서인지 옛날부터 독풀로 유명한 만드라고라(만타라초)와 잘못 혼동하는 일도 있다고 하는데, 가지과인 이 식물의 학명은 *Atropa mandragora*이다. 영어명은 Mandrake인데, 가지과에는 우리도 잘 아는 가지를 비롯해 파프리카, 피망, 고추, 감자, 담배, 토마토 등이 속해 있다.

● 맨드레이크 *Atropa mandragora*

만드라고라는 지중해와 레반트 지방이 원산지인 허브의 한 종류로 뿌리는 깊이 약 1미터까지 뻗으며, 뿌리 꼭대기에서 진한 갈색의 작은 잎이 몇 장씩 표면에 붙듯이 나오며, 우울증·불안·불면증 등에 효과가 있고, 예전에는 수술용 마취제로 쓰이기도 하였다. 뿌리와 나뭇잎으로 만든 허브차는 흥분 효과가 있는데, 심하면 마비 증상을 일으키나 천식과 기침에 효능이 있는 것으로 알려져 있다.

유명한 판타지 소설 『해리 포터Harry Potter』 속에서도 호그와트Hogwarts의 학생들이 마법의 식물로서 이 만드라고라를 두고 강의를 듣는 내용이 나오기도 한다.

50 파프라나무

학명 *Gardenia latifolia*

과명 꼭두서니과/Rubiaceae

국명 파프라(Papra)나무

영명 Indian Boxwood, Ceylon Boxwood

불교 경전 속에서의 이름 건타수乾陀樹, 건대乾大, 건두乾杜
원어명(산스크리트어) Gandha, parpataki

『근본설일체유부백일갈마根本說一切有部百一羯磨』 9, 『비니모경』 8, 『금강정유가중략출념송경金剛頂瑜伽中略出念誦經』 4

Ceylon Boxwood 또는 Indian Boxwood라고 부르는 *Gardenia latifolia*는 오세아니아와 서남아시아가 원산지이다. 장신구, 가구, 가구의 손잡이, 박스 제작에 널리 이용되며, 3~4월 중 흰색 또는 옅은 노란색의 아름다운 꽃이 피고 조경수로 이용되는 작은 나무이다.

일반적으로 알려진 가데니아 종류에는 우리도 잘 아는 치자나무가 있다. 치자나무는 *Gardenia jasminoides*가 학명이며 널리 알려진 것처럼 향기로운 조경수이다. 치자나무는 중국에서는 최소 천 년 전부터 재배하였다고 하며, 18세기 중반 영국 정원에 도입되었다고 알려져 있다.

특히 열매는 치자라고 하여 노란색 물을 들이는 데 사용하는데, 한방에서는 불면증과 황달의 치료에 쓰고 소염, 지혈 및 이뇨의 효과가 있다고 한다. 옛날에는 군량미의 변질을 방지하기 위해 치자물에 담갔다가 쪄서 저장했다고 한다.

51 부용

학명 *Hibiscus mutabilis*

과명 아욱과/Malvaceae

국명 부용芙蓉

영명 Common Rose Mallow, Cottonrose Hibiscus, Changeable Rose

불교 경전 속에서의 이름 파라시婆羅翅
원어명(산스크리트어) Balaka

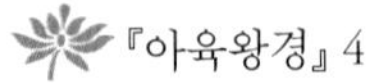『아육왕경』 4

흔히 부용이라 부르는 파라시는 주로 관상용으로 재배하며, 종속명인 'mutabilis'는 '변화되기 쉬운'이라는 뜻인데, 꽃이 흰색이나 연분홍색에서 점점 붉게 시들어가는 데서 비롯된 것이다.

이 꽃은 높이 2미터까지 자라며, 특히 공원이나 도로에 조경용으로 많이 심어 우리 주변에서 여름철에 흔히 볼 수 있다. 한방에서는 주로 흰색의 꽃을 이용하는데, 해독과 해열 등에 쓰이고, 뿌리인 부용근도 이용한다. 생잎을 찧어 바르면 피부병이나 화상 등으로 인한 상처에 효과가 있다고 하며, 꽃가루는 한지의 빛을 내는 데 이용하기도 한다.

부용은 이 외에도 미국 부용*Hibiscus oculiroseus*, 단풍잎 부용*Hibiscus coccineus*이 있으며, 우리나라에 있는 아욱과 식물로는 부용 외에 아욱, 접시꽃 등이 있다.

52 선사화/힙타지

학명 *Hiptage Benghalensis*, *Hiptage Madablota*

과명 금수휘나무과말피기과/Mlpighiaceae

국명 선사화善思花, 거등苣藤, 선거등扇车藤, 용지화竜舐華

영명 Helicopter Flower, Hiptage

불교 경전 속에서의 이름 아제목다가阿提目多伽, 아제목다阿提目多, 아저목다가阿底目多伽, 아지목득가阿地目得迦

원어명(산스크리트어) Kamuka, Atimuktaka, Atimukta

『대보적경』 1권, 『법화경』 17품, 『대방광삼계경大方廣三戒經』 상, 『불본행집경』 5권-3, 『방등경』, 『불설보살행방편경계신통변화경佛說菩薩行方便境界神通變化經』 상, 『관세음보살수기경』, 『번역명의집』 8, 『잡아함경』, 『혜림음의』 12·26·27

경전에서는 이 꽃나무를 연꽃이나 석산(만수사화) 등과 함께 신들이 내려준 하늘의 꽃 중 하나로 일컫는 경우가 많다. 『율장』에서는 악한 용과 겨뤘다는 비구 스님의 이야기가 나오는데, 용이 스님에게 던진 뱀과 벌레가 바로 아제목다 꽃으로 변하였고, 이후 용은 부처님의 가르침을 받고 불제자가 되었다고 한다.

현지어로 Madhavi lata라고 하는데, Madhavi는 비슈누 신의 아내 이름인 Madhava에서 차용해온 것이라고 전한다. 상징적으로 비슈누는 Mango로, Madhava는 망고의 곁에서 도움을 주고자 나무를 감아 올라가는 Madhavi lata인 것이다. 고대 인도문학에서도 이 식물은 망고로 상징되는 강한 주인의 곁에서 도움을 주며 함께 하고 있는 연약한 여인으로 자주 인용되곤 한다.

이 나무는 그 아름답고 독특한 형태로 인해 이국적인 열대 관상용으로 재배되고 있으며, 빠른 성장 속도와 척박한 여건에서도 잘 견디는 특성 때문에 초보자가 재배하기에 용이하다. 잎사귀와 나무껍질은 맵고 시고 쓴맛이 나서 살충제의 효과와 함께 해열과 염증

치료, 피부병 등의 치료에 유용하며, 특히 나무껍질은 류머티즘과 천식을 다스리는 데 유용하다.

또한 1월에서 3월 중 꽃이 많이 피지만 다른 식물들의 휴식기인 겨울을 포함해 연중 개화를 하기도 하는데, 꽃의 모양 자체도 새의 얼굴처럼 생겨 독특하고 아름답기 때문에 경전에서도 많이 인용되곤 한다. 향기 또한 달콤한 과일 향으로 감성을 증가시키고 정서적 위안을 준다.

덩굴성이며 아름답고 향기도 매우 뛰어나 인도에서는 재스민과 더불어 문기둥이나 아치, 울타리를 아름답고 향기롭게 장식하는 식물이기도 하다.

장미목과 함께 아띠묵다, 아띠묵다가(阿提目多, 阿提目多伽, 阿底目多伽)로 부르는 식물이며, 영명인 헬리콥터 플라워(Helicopter Flower)는 열매의 모양이 세 개의 날개를 가지고 있어 마치 헬리콥터와 같다는 데서 비롯된 것이다.

학명 *Hiptage Benghalensis* 또는 *Hiptage Madablota* 중 'Hiptage'라는 속명은 그리스어에서 비행을 뜻하는 'hiptamai'에서 비롯되었다고 하며, 이 식물이 속한 말피기과는 약 75개 속에 1,300여 종을 포함하고 있고, 소교목 혹은 관목으로 열대 지역과 아열대 지역에서 자생하는데, 다소 익숙한 식물로는 아세로라가 있다.

53 히말라야 소나무

학명 *Pinus roxburghii*, *Pinus longifolia*

과명 소나무과/Pinaceae

국명 히말라야 소나무

영명 Himalayan longleaf pine, Chir pine

불교 경전 속에서의 이름 실리박색가室利縛塞迦, 시리비스타카室利薜瑟得迦, 밀향樒香, 몰향沒香
원어명(산스크리트어) srivasa, sarala drava, kshira, devadaru

『대일경소』 7, 『금광명최승왕경』 15 「대변재천녀품」

인도에서는 가장 일반적이면서 매우 중요한 소나무인데, 원산지는 히말라야이며 가로수로도 유용한 나무이다.

아프가니스탄과 부탄, 티베트 남부에 분포하며 개화기는 2~3월이다. 높이는 15~40미터에 달하고 수피는 두꺼우며 적갈색을 띠고 깊게 갈라져 있다. 이 나무를 비롯한 모든 소나무의 수지에서 얻어진 테레빈유는 소나무에서 얻는 무색의 정유精油로, 생송진生松津을 수증기로 증류하거나 소나무 가지를 직접 수증기로 증류해서 얻어지는데 의약품, 도료 제조 원료, 유화의 용제, 구두약 등에 사용된다.

일반적으로 소나무는 송진, 솔방울, 솔잎, 소나무 마디, 솔 꽃, 소나무 뿌리 속껍질, 솔 기름, 소나무 껍질에 돋은 이끼 등 여러 부위를 약으로 쓴다. 송진을 약으로 쓸 때에는 구멍을 내서 받은 것이나 졸여서 낸 진보다는 음력 6월에 저절로 흘러내리는 것이 좋다. 송진은 오장을 편안하게 하고 열을 없애며, 풍비風痹, 죽은 살, 여러 가지 악창, 탈모, 가려움증을 완화시킨다.

송진은 법제하여 약으로 쓴다. 솔방울은 풍비風痹로 허약하고 여윈 증상과 숨 쉴 기운이 없는 증상에 좋고, 솔잎은 풍습風濕으로 생긴 헌 데를 낫게 하고, 머리털을 나게 하며, 오장을 고르게 하고, 장수하게 한다.

소나무 마디는 다리가 저린 증상, 뼈마디가 아픈 증상을 낫게 한다. 솔 꽃은 몸을 가볍게 하고, 병을 낫게 하며, 소나무 뿌리 속껍질은 배고프지 않게 하고, 기를 보한다. 따라서 곡식을 먹지 않고도 살 수 있게 하므로 구황 식물로 쓰인다. 솔 기름은 소나무 가지를 태워서 얻은 기름으로 소나 말의 옴과 부스럼을 낫게 하며, 소나무 껍질에 돋은 이끼는 향을 만들어 쓴다.

54 태국황엽수

학명 *Xanthophyllum flavescens*

과명 원지과遠志科/Polygalaceae

국명 태국황엽수泰國黃葉樹

영명 seng dong, bok-bok

불교 경전 속에서의 이름 건타수, 건대, 건두
원어명(산스크리트어) Gandha, Gandi, Madakka

『근본설일체유부백일갈마』 9, 『비니모경』 8, 『금강정유가중략출념송경』 4

태국황엽수는 태국, 인도, 중국, 말레이시아 반도, 수마트라, 보르네오 섬 전역, 필리핀 등지에 분포하며 키가 40여 미터에 달하는 매우 큰 나무이다. 울타리나 건설용 목재로 사용하며, 식물의 일부를 음료, 염료, 방충제로도 사용한다.

이 식물이 속한 원지과遠志科는 초본과의 작은 나무들로 이뤄지며 뉴질랜드, 남부 태평양의 섬, 극지방을 제외한 전 세계에 분포하는데, 우리나라에는 두메애기풀과 원지가 있다.

55 죽절초

학명 *Chrysopogon aciculatus*, *Andropogon aciculatus*

과명 화본과/*Poaceae.*

국명 죽절초竹節草, 행엽杏葉

영명 Love Grass, Golden beadgrass, Mackie's pest, love grass, creeper grass

불교 경전 속에서의 이름 주리朱利
원어명(산스크리트어) Caurika

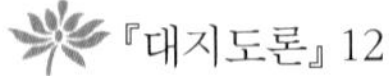『대지도론』 12

죽절초의 크기는 20~50센티미터 정도로, 인도에서는 모든 부위를 간염 치료제와 해독제로 이용하며, 민속 의학에서도 다린 물을 이뇨제로 사용한다.

열대지방에서는 사계절 내내 볼 수 있으며, 우기 동안 꽃을 피우는데, 해충이라고까지 부를 정도로 귀찮게 여겨지는 존재이기도 하다. 즉 외부 활동을 할 때 끝이 날카로운 꽃이삭이 들러붙어 귀찮은 식물로 인식되고 있다. 그러나 뿌리가 단단하게 얽혀 있어 강 주변의 풀밭으로 유용할 뿐 아니라 경사면의 붕괴를 막고 미끄러지는 것을 방지할 수 있다.

56 보리

학명 *Hordeum vulgare*

과명 벼과/Poaceae

국명 보리

영명 Barley, Cereal Barley, Common Barley

불교 경전 속에서의 이름 대맥大麥
원어명(산스크리트어) aksata, akshata, dhanyaraja

『미린다왕문경』 2장 「대론對論」 12, 『광대보루각선주비밀다라니경』 7 「결단장법품」

보리의 원산지에 대해서는 여러 가지 학설이 있다. 야생종이 발견된 지역을 토대로 여섯 줄 보리는 중국 양쯔강 상류의 티베트 지방, 두 줄 보리는 카스피 해 남쪽의 터키 및 인접 지역을 원산지로 보는 설이 가장 유력하다. 보리는 인류가 재배한 가장 오래된 작물의 하나로 알려져 있는데, 대체로 지금부터 7,000~1만 년 전에 재배가 시작된 것으로 추측하고 있다.

중국에서는 은殷나라 때의 갑골문자에 보리에 해당하는 것이 기록되어 있다고 하고, 보리가 오곡 중의 하나로 설정된 것이 기원전 2,700년경의 신농 시대라는 점에서도 그 재배 역사가 매우 오래됨을 알 수 있으며, 우리나라에는 4~5세기경 고대 중국으로부터 전파된 것으로 알려져 있다.

보리에는 비타민 B_1과 B_2가 풍부하게 함유되어 있고, 섬유소가 쌀에 비해 10배 이상 함유되어 있어 변비에 좋고 포만감으로 다이어트에 효과가 있는 식품이다. 이뿐 아니라 보리에는 장 속에 좋은 박테리아를 번식시켜 장을 튼튼하게 하는 효과가 있어 대장암을 예방하기도 한다. 보리 껍질에는 베타글루칸 성분이 풍부하게 함유되어 있어 혈당을 저하시켜 주는 효과가 있다.

보리는 주로 식량으로 이용하는데 소주, 맥주, 된장, 고추장, 식혜를 만들어 먹거나, 볶아서 보리차로 이용하기도 하며, 저온 건조하여 발아시킨 싹을 맥아麥芽라 하여 약으로 쓰기도 한다. 짚은 부드러워 주로 가축의 깔깃과 거친 사료로 쓰인다. 작물로서의 보리는 다른 곡류보다 다양한 기후에 적응할 수 있는데, 각기 온대·아북극·아열대지방에 알맞은 변종들이 있다.

57 편두(제비콩, 까치콩)

학명 *Dolichos lablab*, *Lablab purpureus*, *Dolichos purpureus*

과명 콩과/Leguminosae

국명 까치콩・나물콩・제비콩, 편두扁豆, 작두鵲豆

영명 Hyacinth Bean, Banner Bean, Indian bean, Lablab Bean

불교 경전 속에서의 이름 작두鵲豆
원어명(산스크리트어) Schimki, Nispavah

『미린다왕문경』, 『숫타니파타』, 『입능가경』, 『청정도론』, 『대당서역기』

남아메리카 열대가 원산지이며 우리나라에서는 한해살이풀로 국명은 없고 편두 혹은 제비콩으로 유통되고 있는 콩이다. 편두는 두 가지 색의 꽃이 핀다. 흰 꽃엔 백편두가, 자줏빛 꽃에는 흑편두가 열리는데, 약성이 뛰어나 한방에서 약으로 사용하는 것은 백편두이다.

편두는 어린잎과 꽃, 꼬투리, 콩과 뿌리를 식용하며 가축의 사료나 실내 원예식물, 약재로도 활용하는데, 맛이 달고 따뜻한 성질을 가지고 있어 비장과 위를 보하여 소화력을 높인다. 특히 백편두의 경우는 『아유르베다』에 오랜 옛날부터 약용식물로 써왔다는 기록도 있다. 인도의 일부 지역에서는 축제 기간에 카레 요리에 이용하기도 하며, 케냐에서는 산모들의 모유 수유 기간에 젖의 분비를 촉진시켜 주는 메인 요리로 활용하기도 한다.

58 렌틸/렌즈콩

학명 *Lens esculenta*

과명 콩과/Leguminosae

국명 렌즈콩, 렌틸콩

영명 lentil

불교 경전 속에서의 이름 금맥완金麥豌
원어명(산스크리트어) masura

『미린다왕문경』, 『숫타니파타』, 『입능가경』, 『청정도론』

렌틸콩은 '렌즈콩'이라고도 불리며, 우리나라의 녹두와 비슷하게 생긴 콩이다. 고기 대용품으로 오랫동안 사용되어 왔으며, 인도 대부분의 지방에서 기본적인 식료품으로 사용되는 콩이다.

인도에서는 '달dal'이라고 부르는데, 고대 이집트와 그리스 시대 등 아주 오래 전부터 식량으로 재배되었다고 하며, 인도에서는 매일 빵이나 밥과 함께 렌틸콩을 먹으며, 유럽인들도 스튜를 만들어 먹거나 삶아서 채소와 함께 먹는다.

렌틸콩은 단백질과 콜레스테롤 수치를 낮추는 섬유질이 풍부하고, 아연 함량이 다른 꼬투리콩보다 두 배 정도 많을 뿐만 아니라, 임산부에게 좋은 비타민 B군과 태아의 기형을 막아주는 엽산도 풍부하고, 상당히 많은 양의 칼슘과 비타민 A와 B를 함유하고 있으며, 철분과 황의 좋은 공급원이기도 하여 스페인 올리브유, 그리스의 요구르트, 우리나라의 김치, 일본의 낫또와 함께 세계 5대 장수식품으로 꼽히기도 한다. 렌틸은 사이드 디쉬, 샐러드, 수프, 스튜 등에 주로 이용되는데 가장 유명한 음식 중 하나가 양념한 East Indian Dal이다.

렌즈콩은 사진기 등에 부착하는 렌즈의 어원이기도 한 콩으로, 식물체의 크기, 털의 유무, 잎과 꽃, 씨의 색깔에 따라서 여러 재배

품종으로 나뉜다. 렌틸의 꽃은 연한 푸른색이고 꼬투리에 양면이 볼록한 렌즈 모양의 씨가 2개 들어 있는데 색깔은 노란색 또는 회색에서 암갈색까지 다양하고, 때때로 반점이나 얼룩이 있기도 하다. 렌즈콩은 불교 경전뿐 아니라 구약성경의 창세기에서도 찾아볼 수 있다.

59 쌀/벼

학명 *Oryza sativa*

과명 벼과/Poaceae

국명 쌀, 벼

영명 Asian Rice, Burgundy Rice Plant, Common Rice, Cultivated Rice

불교 경전 속에서의 이름 도稻
원어명(산스크리트어) dhanya, dhanyah, garuda, Vrihi

『입능가경』 8권 16「차식육품」, 『숫타니파타』 2「작은장」, 『밀린다왕문경』 2장 74「벳산타라왕의 보시」, 『대방등여래장경』「번뇌의 아홉 가지 이유」 3, 『광대보루각선주비밀다라니경』 7「결단장법품結壇場法品」, 『대방등여래장경』「9가지 비유」

쌀 또는 벼는 많은 경전에 등장하는데, 한편으로 붓다의 탄생지와도 밀접한 관련이 있다. 알려진 바와 같이 붓다는 카필라국의 왕자로 태어났는데, 카필라국은 히말라야 남쪽 산기슭, 갠지스 강의 한 지류인 라프티 하河의 동북 유역 로히니 천川 주변에 있었던 아리안인의 석가족 왕국 중 한 곳으로, 네팔과 인도 간의 꾸준한 영토 분쟁이 있는 지역이며, 현재는 네팔 타라이Tarai에 해당하는 지방이다. 부왕인 정반왕(淨飯王: 숫도다나왕)이 통치하던 이 땅은 인도 북부 지방 중 히말라야와 가까운 지역으로 벼농사가 잘되는 지리적인 환경을 가지고 있어 지금도 벼농사를 많이 짓는 곳이다. 또한 부왕의 이름인 정반왕은 농사 잘 짓는 왕으로 해석할 수 있기도 하다.

한의학에서 벼는 도稻라 하여 어깨 결림, 아토피성 피부, 복통, 소갈, 황달, 신경통, 변비, 대장암 예방, 노화 방지, 결석, 피부 미용, 다이어트에 좋다고 알려져 있는데, 부분적으로 갱미(粳米, 외과피를 벗긴 씨), 곡아(穀芽, 성숙한 열매의 싹을 내어 건조시킨 것), 나도근(糯稻根, 찰벼의 근경과 근)을 모두 약재로 이용한다.

일년초인 벼는 인도, 말레이시아가 원산지로 전 세계 인구의 40퍼센트 정도가 주식으로 하고 있는 식물이다. 주로 논이나 밭에서 식량 자원으로 재배하며, 줄기는 뿌리에 가까운 곳에서 가지를 쳐서 포기를 형성하여 자라며 높이는 1미터 내외이다.

쌀을 식물학적으로 분류하면 한국, 일본 중심의 일본형(Japonica type), 인도와 동남아 중심의 인디카 형(Indica type), 인도네시아 자바 섬을 중심으로 분포하는 자바니카 형이 있으며, 벼 속의 식물은 20~30종의 야생종이 있지만, 이 중 재배종은 *Oryza sativa*와 *Oryza glaberrima* 두 종뿐이다.

60 후추/호초

학명 *Piper nigrum*

과명 후추과/Piperaceae

국명 후추, 호초胡椒, 부초浮椒

영명 black pepper, pepper

불교 경전 속에서의 이름 말률자末栗者, 마리자摩哩者
원어명(산스크리트어) Marica, Maricha

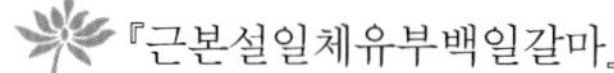
『근본설일체유부백일갈마』

상록성 덩굴식물인 후추의 원산지는 인도 남부와 스리랑카이다. 후추는 숙성 정도나 처리 과정의 차이로 녹색 후추, 검은 후추, 흰 후추로 색이 달라진다. 성숙하기 전의 열매를 건조시킨 것이 후추 또는 검은 후추이고, 성숙한 열매의 껍질을 벗겨서 건조시킨 것은 색깔이 백색이기 때문에 흰 후추라 하며 향기가 부드러워 고급으로 여긴다.

호초胡椒라는 명칭은 인도에서 실크로드를 통하여 중국으로 들어왔으므로 호국胡國의 산초山椒라는 의미에서 붙인 말이며, 한국과 인도, 인도네시아, 말레이반도, 서인도제도 등지에서 재배한다. 동양에서는 후추를 향신료보다 약초로 많이 써왔다. 당나라 의서醫書인 『신수본초新修本草』는 후추를 '호분'이라고 소개하면서, 마음을 가라앉히고 몸을 덥게 하며 담을 삭이고 오장육부의 풍냉風冷을 제거한다고 수록하고 있다. 또한 호분은 고기의 독을 없애고 기생충을 제거하는 효능이 있다고 본다. 민간에서는 기침이나 구토, 설사, 무좀 등을 다스릴 때 후추를 사용하기도 했다. 배의 윗부분을 잘라 속을 파낸 다음 통후추를 넣고 푹 달여서 먹으면 기침을 가라앉히는 데 도움이 되고, 녹두와 후추를 부드럽게 가루로 내어 5~6그램씩 모과 달인 물에 타 마시면 구토와 설사 증상을 치료하는 데 효과적이라고 한다.

후추는 육류의 잡냄새를 제거하고 비타민 C의 산화를 방지하며, 드레싱에 사용하면 기름이 산화하는 것을 억제하고 상쾌한 향기가 입맛을 돋우기도 하지만, 너무 많이 먹으면 위점막을 자극해서 충혈이나 염증을 일으키므로 주의해야 한다.

61 사탕수수(감자)와 큰개사탕수수

학명 ①*Saccharum officinarum*(사탕수수)
②*Saccharum arundinaceum*(큰개사탕수수)

과명 벼과/Poceae

국명 사탕수수, 큰개사탕수수

영명 ①*Saccharum officinarum*/Sugarcane, Cultivated Sugarcane, Noble Cane
②*Saccharum arundinaceum*/Hardy Sugar Cane, Reed-Like Sugarcane

불교 경전 속에서의 이름 ①이사가伊師迦, 당질唐医, 호질俿医, 가사迦奢
②가사迦奢

원어명(산스크리트어) ①*Saccharum officinarum*/Ikshava, Ikshu, Pundrakah
②*Saccharum arundinaceum*/sika

『대반열반경』 19,『현응음의』 23, 『유가사지론』, 『혜림음의』 26, 『광대보루각선주비밀다라니경』 7「결단장법품」, 『밀린다왕문경』 논란 3「부처님의 지도 이념」, 『대일경소』 7

사탕수수는 감자甘蔗라고도 하는데, 감자는 석가모니 부처님의 종족 이름에도 등장한다. 즉 붓다는 석가족 출신인데, 이 석가족은 감자왕甘蔗王의 후예들이며, 부처님이 태어난 나라는 그중에서도 카필라국 가비라성迦比羅城인 것이다. 부왕인 숫도다나왕도 그 뜻이 정반왕淨飯王으로 벼와 관련된 농업 국가였음을 미루어 짐작할 수 있었던 것처럼, 감자왕이라는 명칭에서는 사탕수수 재배가 성행한 지역이었으리라는 추론이 가능하다.

사탕수수의 원산지는 인도 갠지스 강 유역이며 고대 인도에서 처음 재배하였다고 하는데, 현재는 세계의 열대 각지에서 큰 규모로 재배되고 있다. 주요 사탕수수 생산국은 인도·쿠바·브라질·멕시코·필리핀·호주·하와이·중국 등이며, 그중에서도 인도와 쿠바의 생산량이 가장 많다.

사탕수수의 분포 지역은 인도와 쿠바, 브라질, 멕시코, 필리핀, 호주, 하와이, 중국 등이다. 높이는 2~6미터로 줄기는 무리지어 나와 자라며, 줄기에는 설탕의 원료가 되는 수크로오스가 들어 있는데, 줄기에 들어 있는 수크로오스의 함량은 줄기의 중간부분에 가장 많다. 현재의 재배종은 자생하는 여러 종을 교잡하여 만든 것이다.

사탕수수는 약간 차가운 성질을 지녔으며, 폐와 대장의 기능을 좋게 하는 효능이 있다고 한다. 한방에서 감완이라 부르는 사탕수수의 주성분인 당은 몸을 이완시켜 주기 때문에 숙취 해소와 피로 회복에 많은 도움이 된다.

62 참깨

학명 *Sesamum indicum*

과명 참깨과/Pedaliaceae

국명 참깨

영명 sesame, sesame seed, gingili

불교 경전 속에서의 이름 호마胡麻, 지마芝麻, 향마香麻, 진임眞荏
원어명(산스크리트어) tila, tailaoil

『본생경』, 『대반열반경』 4-7 「사상품四相品」, 『입능가경』 8권-16 「차식육품」, 『광대보루각선주비밀다라니경』 7 「결단장법품」, 『법화경』 「다라니품」

불교 경전들에 호마라고 기록되어 있는 참깨는 정진 수행 요리에 빠지지 않는 음식물이기도 하다. 『입능가경』에 규정된 열세 가지의 음식 중에 이 참기름, 즉 호마유가 있고, 『본생담(jataka, 本生經, 本生談)』에서는 망고의 전생 이야기를 통해 일이 수습되지 못하고 혼란한 상황을 멀리 튀어나간 깨에 비유하기도 한다.

참깨는 일년생 초본으로, 원산지는 인도 또는 아프리카 열대지방이며, 6,000년의 역사를 지닌 최고의 유지식물이다. 종자는 참기름으로 이용함과 동시에 예로부터 약리적 효과를 가지는 식품으로 상용되어 고대 이집트에서 인도, 중국, 일본과 전 세계로 전파되었다. 오늘날에도 인도는 주요 참깨 생산국으로서 기름이나 식용 외에 힌두교 의식에도 빈번하게 사용하고 있다.

참깨는 종자의 색깔에 의해 백 참깨와 흑 참깨로 나누어지는데, 참깨의 항산화 성분은 노화를 방지하며, 간장의 기능을 높여주고 숙취 예방, 미용이나 정력증강은 물론 몸속 물질의 합성과 분해 대사를 촉진하여 젊어지는 효과도 있다.

참깨에 들어 있는 트립토판tryptophan은 피부를 곱게 하고 모발에 윤기를 주고 신경을 안정시키며, 아르기닌arginine이라는 아미노산은 아이들의 성장 과정에 꼭 필요한 성분이다.

칼슘은 작은 생선이나 해조류보다 많으며 치즈의 2배, 우유의 11배가 들어 있다. 또한 콩의 25배, 현미의 3배나 되는 마그네슘이 들어 있고, 비타민의 보고이기도 하다.

한방에서도 이 식물의 씨를 흑지마黑脂麻, 흑호마黑胡麻라 하여 숙취 해소, 악취 제거, 모발 윤기, 신경 안정 등에 이용하는데, 전반적으로 참깨는 질병을 개선하거나 예방하고 젊음을 유지하며 노화나 각종 성인병의 예방에 큰 효과가 있다고 한다.

63 베틀후추

학명 *Piper betel*

과명 후추과/Piperaceae

국명 베틀후추

영명 betel piper, Betel Leaf

불교 경전 속에서의 이름 탐포라耽餔邏, 담보라膽步邏
원어명(산스크리트어) Tambula

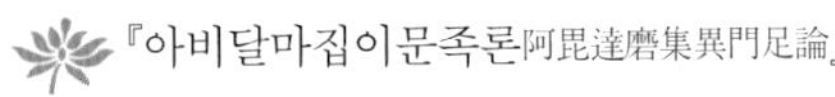
『아비달마집이문족론阿毘達磨集異門足論』

인도가 원산지로 인도와 동남아시아에서 널리 재배되고 있으며, 이 식물의 잎으로 성숙하지 않은 빈랑나무의 열매(빈랑자, betel nut)를 싼 것을 판paan이라고 하여 껌처럼 씹는데, 향기가 있고 입안의 점막에 대한 수렴성이 있어 입 냄새를 제거하고 성대를 좋게 하며 입안을 깨끗하게 해준다고 한다.

Paan은 매우 다양화되어 있어 단맛이 나도록 과일들을 넣거나 Areca nut(paan supari, paan masala or sada paan)을 넣기도 하는데, 이러한 풍습은 인도·말레이시아·인도차이나·중국 남부·인도네시아·아라비아 및 아프리카 등지에 퍼져 있어, 세계 인구의 1/3이 즐기는 기호품이기도 하다. 한방에서는 말린 잎을 구장엽이라고 하여 건위 및 거담제로 이용한다.

64 흑녹두

학명 *Vigna mungo*, *Phaseolus mungo*

과명 콩과/Leguminosae

국명 검정녹두

영명 Black gram, urad dal, Black Matpe, Black Mung Bean, black lentil

불교 경전 속에서의 이름 흑녹두黑綠豆
원어명(산스크리트어) Urd, Urad

『밀린다왕문경』, 『숫타니파타』, 『입능가경』, 『청정도론』

흑녹두는 남부 인도에서 흔히 만들어 먹는 idli의 주재료인데, idli는 쌀과 검정녹두를 섞어서 하룻밤 묵혀 자연발효를 시킨 다음 증기 찜을 해서 만든 스펀지 모양의 부드러운 빵으로, 가정이나 식당에서 간식용 또는 아침 식사용으로 거의 매일같이 사용된다. 보통 빵을 만들 때는 효모를 사용하지만 idli는 자연발효를 시켜 향기, 맛, 질감, 기호성을 향상하였다.

일반 녹두인 green gram과 같은 녹두이지만 흑녹두는 잎과 줄기, 꼬투리에 암갈색의 거친 털이 많으며, 대부분 성숙된 꼬투리는 위쪽으로 곧추서고 또한 콩의 흰 배꼽 부위가 돌출되어 있는 등의 차이가 있다.

또한 흑녹두로 키운 나물은 콩 특유의 비린 맛이 적어 생식용으로 적당한데, 베트남 쌀국수 등에 곁들이면 훨씬 담백한 맛을 내며, 국내에서도 흑녹두로 키운 나물이 대중화되어 있다.

흑녹두를 영어권에서 black lentil이라고도 하지만, 크기가 더 작은 진짜 블랙 렌틸(Lens culinaris)과 혼동하지는 말아야 한다.

65 잭프룻

학명 *Artocarpus heterophyllus*

과명 뽕나무과/Moraceae

국명 잭프룻, 까딸, 바라밀

영명 JackFruit

불교 경전 속에서의 이름 파나사수波那沙樹, 반나사半娜娑, 목파라木菠萝, 파나밀菠萝蜜
원어명(산스크리트어) Panasa, Panasam

『선견율비바사』 14, 『현응음의』 24, 『혜림음의』 4

Nangka(낭까나무)라는 현지명이 있는 잭프룻은 인도, 말레이시아가 원산으로 큰 열매와 내구성의 목재를 얻기 위해 열대의 습지대 전역에 널리 심고 있다. 잎과 뿌리를 약용하는 이 나무의 목재는 결이 곱고 황색을 띠고 있는데, 조각이 용이해 건축과 가구재뿐 아니라 불상과 인감의 제작에도 이용되고, 불상의 법의 채색 시 사용하는 황색 염료를 추출하기도 한다. 과실은 뽕나무과의 특징이라고 할 수 있는 집합과集合果*로, 화서를 형성하는 조직의 대부분이 합착되어서 과실이 된다.

씨에서 싹터 자라서부터 3년만에 과실을 만든 경우도 있을 만큼 생장이 빠르며, 빵나무(Breadfruit, *Artocarpus altilis*)와 근연종으로 미성숙된 수꽃도 먹을 수 있다. 녹색이 도는 덜 익은 열매는 요리해 먹고, 갈색의 익은 열매는 날것으로 먹는데, 씨를 둘러싸고 있는 과육은 달면서도 신맛이 나며, 씨는 지역에 따라서 요리해 먹기도 한다. 한편 열매는 껍질과 과육을 분리해서 먹는 것이 쉽지 않고 무게가 30~40킬로그램이 될 정도로 커서, 열매 자체보다는 다듬어서 과육

* 두 개 이상의 꽃에서 생긴 많은 과실이 밀집하여 한 과실처럼 보이는 것을 말한다.

만 판매하는 경우가 많다.

이 나무는 보통의 열대지방 정원에 거의 한두 그루씩 심겨져 있는 보편적인 과일나무로서, 곧게 잘 자라고 잎이 무성하여 그늘을 좋게 만들어 주기도 한다.

두툼한 잎은 염소나 양의 먹이로 이용하기도 하고, 흰색 진액은 삶아 진액을 분리하여 골프공을 만드는 원료로 사용하기도 하며, 수액은 표충제로도 활용되는 등 매우 유용한 수종이다. 이 나무가 속한 뽕나무과에는 불교에서 매우 중요한 위치를 점하고 있는 보리수와 니구율수라 부르는 벵골보리수, 우담발화 등이 속해 있다.

66 구연과

학명 *Citrus medica*, *Aurantium medicum*

과명 운향과/Rutaceae

국명 구연과俱緣果, 불수귤, 불수감

영명 Citron, Cedrat, Buddha's Hand

불교 경전 속에서의 이름 마등륭가摩登隆伽, 마독룡가摩獨龍伽
원어명(산스크리트어) Matulunga, Mahaphala

『공작명왕의궤孔雀明王儀軌』, 『칠구지불모소설준제다라니경七俱祇佛母所說準提陀羅尼經』, 『구사론』

시트론citron은 큰 레몬같이 생겼으나 레몬보다는 껍질이 두껍고 레몬만큼 시지 않은 노란 녹색의 감귤류이다. 원산지는 인도 북부이며, 지중해 연안과 동남아시아에서 오랫동안 재배하였다. 감귤 중에서는 가장 오래된 과일로, 기원전 4세기부터 유럽에 알려져 그리스 철학자 테오프라스토스의 『식물지』에도 기록이 남아 있다.

주산지는 미국의 캘리포니아이며, 비타민과 칼슘, 칼륨, 구연산이 풍부하여 주로 주스, 셔벗, 젤리, 잼 등에 이용하며, 야채샐러드에 과육을 넣거나 드레싱에 과즙을 넣어 산뜻한 맛을 내기도 한다. 또한 껍질은 설탕에 졸여 과일케이크나 빵과 과자류에 사용하기도 한다.

"Buddha's Hand"라는 별칭으로 부르기도 하는 재배종은 불수귤 또는 불수감이라 하며 손가락 모양의 이국적이고 독특한 모양이어서 관상용으로 인기가 있다.

시트론의 꽃은 자줏빛을 띤 흰색이며 레몬과 비슷한 열매가 열리는데, 열매는 넓은 타원형이거나 긴 타원형으로 길이 12~15cm 정도이고 주름이 있으며 끝이 튀어나와 있다. 불수귤이 속해 있는 운향과는 레몬·오렌지·라임 등의 과수와 약료작물 등 경제적으로 가치 있는 유용식물이 많고 관상용으로도 심는다.

67 강황

학명 *Curcuma longa*

과명 생강과/Zingiberaceae

국명 강황薑黃

영명 Siam Tulip, long rooted curcuma, common turmeric, Indian saffron

불교 경전 속에서의 이름 하리타呵梨陀
원어명(산스크리트어) Haridara, Marmarii

『수능엄경』 제7권 '단壇을 만드는 법', 『대승본생심지관경』, 『무구정광대다라니경無垢淨光大陀羅尼經』

강황과 울금은 오랜 기간 혼용되어 왔다. 논문이나 보고서들에서조차 이 둘을 혼동하여 사용하고 있었던 것이 사실이며, 따라서 이 식물들의 특성을 알기 전에 먼저 둘에 대한 구분이 필요하다.

강황은 *Curcuma longa* 또는 *Curcuma domestica*가 학명이며 Siam Tulip, Queen lily, long rooted curcuma, Turmeric, common turmeric, Indian saffron, yellow ginger, Curcuma 등의 이름을 가지고 있다.

이에 반해 울금鬱金은 *Curcuma aromatica*라는 학명을 가지고 있으며 wild turmeric, aromatic turmeric이라 한다. 울금의 실체를 보면, 강황이 자라지 못하는 열대와 아열대 이외의 지역에서 재배하고자 품종을 개량한 식물로 정리할 수 있다. 뿌리줄기의 경우에도 다소 차이가 있어 강황은 노란색을 띠지만 울금은 회색이나 보라색을 띠고 있다.

강황과 자주 혼동하는 울금에 대해 자세히 알아보자.

울금(鬱金: *Curcuma aromatica*)은 열대 지역이 원산지이지만 우리나라 남부 해안 지방에서도 시험 재배되고 있는 생강과의 식물이다. 강황과는 차이가 있는 식물로, 강황과 자울금은 구별하기 어렵지만 잎을 만졌을 때 매끈매끈한 촉감이 있고 촉촉함을 느낄 수 있는 것이 울금이다.

울금은 오래전부터 식용염료로 이용해 왔으며, 현재도 식용인 카레, 피클, 버터, 단무지를 물들이는 데 이용되고 있다. 또, 중국에서는 옛날부터 비단과 면을 물들이는 염색약으로 사용하기도 하였다.

울금은 맛이 맵고 쓰며, 서늘한 성질을 가지고 있다. 따라서 따뜻한 성질을 가진 강황은 누구나 음용이 가능하나 울금의 경우는 냉한 체질에 맞지 않는다고 한다. 그러나 울금 역시 독이 없고 심폐기능을 호전시키며 간기능 활성화, 기순환 촉진, 어혈제거의 효능이 있다.

강황도 일반 용도는 울금과 비슷하다. 강황의 이용 부위는 꽃, 잎, 줄기, 뿌리이며 카레 요리, 쌀이나 곡류, 혼합 향신료, 콩 요리 등에 황색의 착색료나 향신료로 이용한다. 한방에서는 어깨 통증, 생리통의 치료에 처방하며, 태국에서는 코브라 독액을 치료하고, 불교에서는 승복 등 의복을 염색하는 데 사용한다. 뿌리를 건조시킨 분말은 옷감이나 털실을 황색이나 갈색으로 염색시키는데, 이 염료로 염색한 천이나 종이는 방충 효과가 있다고 한다.

국내에서도 강황의 효능 때문에 열풍이 분 적이 있었으나 흥미로운 사실은, 강황이 요리보다는 상업용 색소의 원료로 더 많이 쓰인다는 점이

다. 한편 인도에서는 강황을 탈모제로 이용하였고, 원산지에서는 신선한 강황이 생강과 비슷한 용도로 사용된다. 인도 여러 지역에서도 제철에는 신선한 강황을 사용하지만, 엄격한 채식을 고집하는 자이나교 신도들은 강황이 땅속에서 자라며, 따라서 생물체가 묻어 있을 수도 있다며 먹는 것을 금지하고 있다.

강황은 생강과의 여러해살이풀로 꽃이삭은 담녹색이지만 끝은 연한 보라색을 띤다. 그 포엽 안에 황색의 꽃이 피는 것이다. 강황의 원산지는 인도이며, 약용과 관상용으로 각지에서 재배되고 있는데, 고온 다습한 기후 조건을 좋아하기 때문에 열대와 아열대에서 널리 재배되고 있다.

68 망고진저

학명 *Curcuma mangga*, *Curcuma amada*

과명 생강과/Zingiberaceae

국명 망고진저

영명 mango ginger, white turmeric

불교 경전 속에서의 이름 갈마라羯磨羅, 건타수乾陀樹, 건대乾大
원어명(산스크리트어) Gandha

『근본설일체유부백일갈마』 9, 『비니모경』 8, 『금강정유가중략출염송경』 4, 『열반경소』 11

망고진저는 생강과로서 강황이나 울금과 근연종이지만 맛은 전혀 다른 식물이다. 망고나 생강 등과는 관련이 없는 식물이면서도 비벼 뭉개면 망고와 같은 향이 나서 망고진저라는 이름이 붙었으며, 원래의 생강과 같은 풍미는 없다. 인도의 자연 의학서인 『아유르베다』와 아랍권의 우나니Unani 의학에서도 이 식물의 해열, 최음, 이뇨, 완화, 거담 및 지사제로서의 가치를 거론하고 있는데, 가려움증, 피부 질환, 기관지염, 천식, 딸꾹질, 부상으로 인한 염증을 치료할 수 있다고 전한다.

의학적으로도 망고진저에는 항산화 작용, 항균 작용, 항 진균, 항 염증, 항 알레르기 등의 작용이 있다. 이 식물이 속한 생강과에 속하는 식물들 중 많은 수가 휘발성 유지를 풍부히 갖기 때문에 향신료, 향료, 염료, 약용식물로 쓰이는데 열대지방, 특히 인도와 말레이시아에 주로 분포하고, 한국에는 생강과 양하 두 종이 있다.

69 퀸스/마르멜로

학명 *Cydonia oblonga*, *Cydonia communis*

과명 장미과/Rosaceae

국명 서양 모과, 퀸스, 마르멜로

영명 Quince, Common Quince, Fruiting Quince, Quince Tree

불교 경전 속에서의 이름 우루빈나優樓頻螺, 구루빈나鷗樓頻螺

원어명(산스크리트어) Uruvilya

『대지도론』

이 식물은 서양 모과로서 로마 시대 때부터 재배된 것으로 알려져 있으며, 고대 로마인들은 마르멜로(퀸스)의 꽃과 열매를 향수에서 꿀까지 여러 부문에 사용하였는데, 속명인 Cydonia는 크레타 섬의 고대 도시 Cydon의 지명에서 유래되었다고 한다.

노란 껍질을 가지고 있는 퀸스Quince는 '황금사과'라는 별명을 가지고 있으며, 사과와 배 사이의 모양과 맛을 지니고 있다. 단단하고 노란빛이 도는 흰색의 과육은 수분 함량이 낮고 신맛을 내며 신선한 것보다는 숙성시킨 것의 질감과 향기가 더 좋다.

퀸스는 상당량의 펙틴pectin을 함유하고 있어 잼, 젤리, 설탕절임 등으로 유명한데, 크고 단단하며 녹색기가 없는 노란 퀸스가 좋은 상품으로, 비닐에 넣어 냉장 보관하면 2개월간까지 저장이 가능하다.

덜 익은 열매는 신맛이 나고 아주 딱딱하다. 이것으로 요리를 하면 분홍색으로 변하는데 이는 술이나 애플파이, 잼, 젤리, 고기 요리의 풍미를 더한다.

씨앗은 독성이 있지만 물에 담가 농도가 짙은 점성의 즙액을 추출하기도 하는데, 요리할 때 음식의 형태를 굳게 하는 용도나 화장품 마스카라의 재료로 쓰인다. 모과와 마찬

가지로 열매의 즙이나 시럽은 설사나 목이 아플 때 마시면 효과가 있다.

퀸스는 중앙아시아가 원산지로 세계에 널리 퍼져 있으며 장미과의 식물이다. 우리 주변의 장미과 식물로는 조팝나무, 벚나무, 찔레 등 꽤 많은 수가 있다.

70 인도감

학명 *Diospyros malabarica*

과명 감나무과/Ebenaceae

국명 인도감나무, 시목柿木, 시수柿樹

영명 Indian persimmon, Mountain ebony, Black-and-white Ebony

불교 경전 속에서의 이름 진두가(鎭頭迦, 鎭杜迦), 점무(점모, 沾牟), 근제(근시, 斤提)

원어명(산스크리트어) Tinduka, Tinduka

『대반열반경』 6권 「사의품四依品」, 『대방광삼계경大方廣三戒經』, 『불본행집경』 49권, 『기세경』 1, 『대반니원경』 4, 『장아함경』 18, 『대루탄경』 1, 『모리만다라주경牟梨曼陀羅呪經』

인도감은 경전들에서 '진리'로 인용되는 나무로 불교 교리적 의미가 큰 나무이다. 수행자는 진리와 거짓을 구분하는 현명함이 있어야 하는데, 많은 경전 속에서 진두가는 참 진리를, 마전자 나무*는 미혹의 세계로서 비유된다. 『열반경』이나 『대반니원경』 등에서는 진짜와 가짜는 언제는 함께 있기 때문에 가려내기가 힘들다는 점을 설파하고 있는데, 겉이 비슷한 과일 중에서도 맛난 것(진리)을 가려낼 줄 아는 지혜를 길러야 한다고 가르치고 있다.

즉 『대반열반경』에서 진두가와 가라가를 알지 못해 함께 따서 판 여인의 예를 들어 참과 거짓을 구분함의 중요성에 대해 역설하신 것을 비롯해 『대반니원경』과 『본생경』에서도 진두가는 참 또는 진리에 빗대어 설명되고 있으며, 『불본행집경』과 『대방광삼계경』에서는 아름답게 늘어선 나무들 중 하나로서 등장하고 있다. 그러나 사실 진두가와 가라가는 외형상으로 다소 차이가 있다. 잎은 진두

* 마전자는 일명 가라가라고도 한다. 진두가와 대비되는 나무 가라가는 독성의 식물 편에서 다루도록 한다.

가가 긴 타원형인데 비해 가라가는 둥글며, 열매도 진두가는 꼭지가 있지만 가라가는 꼭지가 없다.

인도감은 고대 의서에도 기록되어 있을 정도로 약리적으로 매우 유용한 나무이다. 『아유르베다』에 의하면 진두가의 잎과 꽃, 씨, 나무껍질과 미성숙 과실은 피부 감염 등으로 인한 작열감, 발열, 설사와 이질, 당뇨와 요로 감염 등에 효과가 있는 것으로 알려져 있으며, 미성숙 과실과 잎은 전통적으로 의복의 염색에도 이용되었다.

진두가(인도감)는 벵갈 지역에서 많이 난다 하여 벵갈감이라고도 하는데 인도 대륙 서해안 지역과 동인도, 스리랑카의 열대 해안 지역에 널리 분포하는 상록활엽수이다. 진두가 열매의 크기는 작지만 맛이 좋아 인도인들이 정원에 즐겨 심는데, 감나무 종류가 다 그러하듯 목재의 결이 곱고 단단하여 가구, 건축재, 선박 건조용으로 쓰인다. 감나무과는 동아시아 및 서아시아에 300여 종이 분포하는데 우리나라에는 고욤나무 속과 감나무 속의 2속이 분포한다.

71 뭉두망고스틴

학명 *Garcinia dulcis*

과명 물레나물과/Guttiferae

국명 뭉두망고스틴

영명 Gourka, Rata, Mundu

불교 경전 속에서의 이름 다말라발향多摩羅跋香, 발향跋香, 곽엽향藿葉香, 분향芬香

원어명(산스크리트어) Tamalapatra

『대반야경』 318, 『대반열반경』 20, 『법화경』 4·6, 『번역명의집』 8, 『법화의소』 8, 『금광명최승왕경』, 『혜림음의』 3

Gourka라고 부르는 따말라파트라는 필리핀, 인도네시아 보르네오가 원산지이며 동남아시아 전역에서 자란다. 최대 13미터까지 자라며 신맛이 많지만 먹기에 큰 부담은 없다. 일반적으로 잘 개발된 열대 우림 등에서 자라는데, 나무껍질의 추출물은 항균 활성을 돕는다.

72 망고

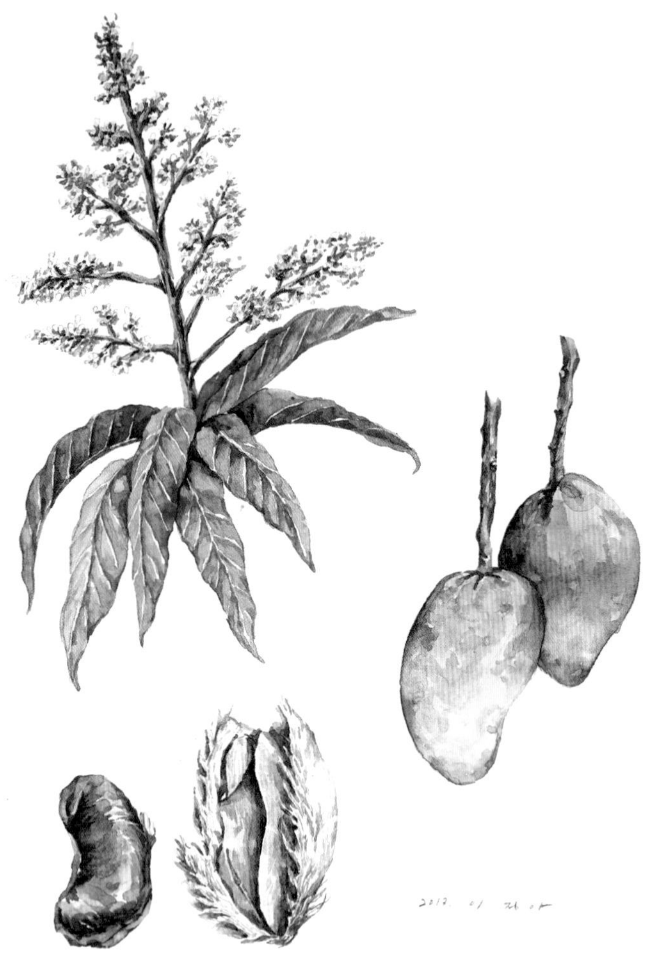

학명 *Mangifera indica*

과명 옻나무과/Anacrdiaceae

국명 망고, 망과芒菓

영명 Mango, Mango Tree

불교 경전 속에서의 이름 암마라菴摩羅, 암파라菴婆羅
원어명(산스크리트어) Amra, Madhuula, Madhuulaka

『과거현재인과경』 4권 125·153, 『대방등여래장경』 '9가지 비유', 『현우경賢愚經』 23품, 『유마경』「제자품」·「불국품」·「보살행품」, 『밀린다왕문경』 2장「대론」 24. 59·3장 5·4장 121. 138, 『주유마경注維摩經』, 『현응음의』 8, 『서역기』, 『혜림음의』 26, 『유부비나야잡사有部毘奈耶雜事』 1, 『금광명최승왕경』 1

인도에서 망고*Mangifera indica*는 수천 년 동안 신비한 불가사의의 일부였다. 망고는 여러 불교 경전 외에도 고대 힌두 신화와 경전에, 중국의 불교 연대기에, 그리고 수세기에 걸쳐 인도 땅을 찾은 수많은 유럽인들의 기록에 등장한다.

무엇보다도 사위성에서 이교도와 신통력 대결을 펼치실 때 망고 열매를 드시고 씨를 땅에 심었더니 금방 나무가 자라나 열매가 열리고 천 분의 부처님 형상을 나타내셨다고 하는 천불화현탑 터의 이야기 속 식물이기도 하다.

불교 경전 속에서의 망고는, 꽃은 많지만 열매를 맺는 것은 적은 것에서 중생이 보리심菩提心을 많이 일으키지만 성취는 적다고 하거나, 확실한 사물을 보는 것은 손바닥 안에 있는 암라과菴羅果를 보는 것과 같다든가, 겉보기만으로 사람을 판단할 수 없음을 암라과가 생것인지 익은 것인지를 알기 어려운 것과 같다고 비유하기도 한다.

『미란다왕문경』에서는 대왕이 윤회에 대해서 묻자 나가세나 존자는 "어떤 사람이 잘 익은 망고를 먹고 그 씨앗을 땅에 심으면 그 씨로부터 망고나무가 성장하여 열매를 맺을 것이고, 다시 그 나무에 열린 망고를 따먹고 씨를 땅에 심으면 다시 나무는 성장하여 열매를 맺게 되는 것처럼, 망고나무의 계속은 끝이 없는 것이다"라는 비유로 설명하기도 한다.

또 『대방등여래장경』에는 부처님께서 깨달음을 얻으신 지 십 년째 되던 해에, 왕사성의 기사굴산에서 무수한 보살들에게 여래장경을 설하셨음이 기록되어 있다. 거기에는 아홉 가지 비유를 통해 대중들이 가지고 있는 의심을 풀어 주고 계시는데, 그 가운데 무명번뇌(열매)에 덮여 있는 여래장(씨앗)은 부서지지 않는다는 대목에서 단단한 망고를 비유적으로 인용하고 있는 부분이 있다.

망고는 열대과실 중 가장 널리 알려진 것 중의 하나로 500가지가 넘는 품종이 개발되어 있다. 열대 아시아가 원산지로 인도에서 재배된 지 4,000년 이상 된 것으로 알려져 있으며 수명도 매우 길다.

열매, 씨, 뿌리, 잎 등 식물체 대부분을 식용 또는 약용으로도 이용하는데, 인도에서는 덜 익은 과실을 반으로 갈라 씨를 빼고 피클을 담거나 카레 요리나 샐러드에 이용하기도 한다. 익은 후에는 역시 카레 요리나 샐러드에도 넣고, 씨는 볶아서 먹거나 가루로 만들어 변비에 복용한다.

잘 익은 과실은 향기롭고 수액이 풍부하여 피로를 잊게 하고 기운을 돋게 하며, 잔가지와 잎은 잇몸에 좋다고 하여 이를 닦는 데 사용하며, 수피는 치통에 좋고 가죽을 물들이는 데도 이용한다.

씨앗의 추출물은 항염, 항균 효능을 지니고 있으며, 수피는 의학적 효능이 커서 면역조절 효과, 간 보호 기능, 항암 기능, 항바이러스 기능을 하는 것으로 알려져 있고, 수액은 아라비아고무의 대용으로 이용하기도 한다.

옻나무과 식물인 망고는 옻처럼 페놀 성분이 있어 개인에 따라서는 과민 반응을 일으킬 수 있으므로 주의해야 한다. 망고가 속한 옻나무과는 교목 또는 관목으로 약 60속 400종이 열대와 아열대에 분포하고, 우리나라에는 붉나무와 옻나무, 개옻나무 등이 있다.

73 바나나/파초

학명 *Musa sapientum*

과명 파초과/Musaceae

국명 파초芭蕉, 바나나, 북초, 향초

영명 banana

불교 경전 속에서의 이름 파초芭蕉
원어명(산스크리트어) Kadali

『대집경』, 『밀린다왕문경』, 『출요경』, 『사분율』, 『법구경』

경전 속에서의 파초(바나나)는 양파처럼 껍질이 겹겹이 겹쳐 있어 그 껍질들을 벗기고 나도 안에 알맹이가 없는 것처럼, 우리의 마음이나 감정 등은 고정된 실체가 없다는 것으로 인용된다. 또한 바나나는 수확을 하고 나면 죽는데, 이러한 속성 때문에 불교 경전에서 의무를 다하고 사라지는 것의 의미로도 인용되며, 『미린다왕문경』에는 파초, 대나무, 빈나마가 자기에게서 태어난 새끼에 의해 죽는 것과 같이, 옳지 못한 행을 하는 사람들은 자기가 한 행위에 의하여 파멸되어 악으로 떨어진다는 내용이 수록되어 있다. 하나의 뿌리에서 계속 자손이 나와 자라고 열매를 맺는 바나나의 속성 때문에 이슬람교도들에게는 다산과 번영의 상징으로 사랑받고 있는 식물이기도 하다.

파초芭蕉라고도 부르는 바나나는 열대 아시아가 원산지인 상록 여러해살이풀이다. 바나나는 '지혜로운 자의 과실*Musa sapientum*' 또는 '낙원의 과실*Musa paradisiaca*'이라는 멋진 학명을 가지고 있을 정도로 영양의 보고이며 쓰임새가 많은 식물이다. 바나나는 칼륨을 비롯한 무기질이 풍부하여 혈압을 떨어뜨리는 효과가 있고 다른 과일에 비해 식이섬유가 많아 다이어트에도 적당한데, 바나나 껍질로 이를 닦아 주면 미백 효과가 있고, 가죽 제품의 더러움도 제거할 수 있다.

바나나는 피부를 탄력 있게 해주기도 하고, 특히 운동하기 전 바나나를 먹으면 근육 생성을 활발하게 하는 작용을 하므로 운동 마니아들은 꼭 챙겨야 할 과일인 것이다. 파초과는 아시아와 아프리카, 오스트레일리아 등지의 열대와 아열대에 2속 40여 종이 자란다. 우리나라에서는 파초를 관상용으로 재배하는데, 열매는 식용하고 잎자루는 섬유 원료로 쓴다. 꽃꽂이나 행사용 화환에서 자주 보는 극락조화도 파초과의 식물이다.

74 대추야자

학명 *Phoenix dactylifera*

과명 야자과/Palmae

국명 대추야자, 해조海棗, 천년조, 만세조

영명 Date, Date Palm

불교 경전 속에서의 이름 갈수라渴樹羅, 걸수라朅樹羅, 거주라佉珠羅
원어명(산스크리트어) Kharjura, Pindakharjura

『근본설일체유부백일갈마』 5, 『혜림음의』 29, 『금광명최승왕경』 1

불교 경전은 물론 성경에도 많이 나오는 이 식물은 성경에서 종려나무로 잘못 알려진 나무의 실체이며, 정직과 정의, 그리고 공정한 삶의 상징이다. 또 가지는 초막절을 위한 '네 종류의 나뭇가지' 중의 하나로, 성경에서 영적인 의미와 상징을 보여줄 뿐 아니라 실제적으로 다양한 용도로 사용되었다.

이 큰 나무에서는 연 70~90킬로그램의 열매를 생산하는데, 고대인들을 먹여 살린 생명의 나무이기도 하고, 수령이 80~100년간 계속되며 늙은 나무의 끝에 상처를 내어 받은 수액을 발효시켜 야자술을 만들기도 하는데, 이것을 증류한 것을 아라크arrack라 한다.

대추야자는 비타민과 탄수화물이 풍부하고 다량의 무기질이 함유되어 있어 성장기 어린이의 영양공급과 아울러, 각종 여성 질환에 탁월한 효과가 있다. 가볍게 말린 것을 그대로 섭취할 수 있으며, 강장제, 혈액순환 등에 효과가 있다. 대추야자는 이용법이 800가지가 넘을 정도로 모든 부위가 다 중요하며, 열매는 진미로 알려져 있고 단 음식에 사용한다. 어린잎은 요리에 사용하고, 수액으로는 설탕이나 야자 과실주를 만든다. 열매는 과로에 효과적인 비타민 B_6를 함유하고 있으며, 가벼운 설사를 하도록 유도하는 효능이 있다. 또한 대추야자는 각종 비타민과 무기질이 많이 들어 있어 미용에 좋으며 노화방지에도 효과가 있다.

열매는 크게 감미형·약감미형·건조형의 3가지로 분류하는데, 건조형은 낙타대추야자라고 하여 아랍인의 주식이 된다.

서부 아시아와 북아프리카가 원산지로 추측되는 대추야자나무의 높이는 20~25미터이며, 끝에 회록색의 커다란 깃꼴겹잎이 뭉쳐나 우산처럼 퍼진다.

75 석류

학명 *Punica granatum*

과명 석류나무과/pomegranate

국명 석류石榴, 안석安石나무

영명 Granate Apple, Pomegranate Bark Stem & Root, Pomegranate Rind Fruit

불교 경전 속에서의 이름 안석류安石榴

원어명(산스크리트어) Darimba, Madhubiija

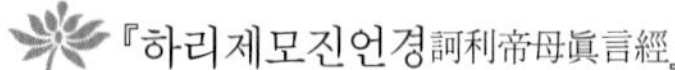
『하리제모진언경訶利帝母眞言經』

씨가 많아 자손 번영과 다산을 뜻하는 과일로 알려져 있는 석류나무는 원산지가 이란 북부, 인도 북서부, 아프가니스탄, 히말라야, 발칸 지방으로 알려져 있다.

불교 역사에서의 석류는 아이를 잡아먹었던 악녀 하리티Hariti가 부처님으로부터 감화를 받고 개과천선하여 다산의 상징이 되었다는 설화 속에 나타난다. 부처님은 개과천선을 한 하리티에게 씨가 많고 속이 붉은 석류를 주었고, 이후 하리티는 다산과 안녕을 비는 귀자모신鬼子母神이 되었다고 한다. 이러한 이야기가 담긴 귀자모상은 중국과 일본 등지로 전래되어 사찰의 불상으로 만들어지면서, 안전한 출산과 자녀들의 복을 비는 민중들의 신앙 대상이 되었다고 한다. 지금도 중국 민간에서 귀자모신은 아기를 점지해주는 여신으로 숭배를 받는데, 이는 우리나라의 삼신할미 격으로, 귀자모상을 모신 사당 앞에는 이러한 이유로 반드시 석류를 심는다고 한다.

석류를 안석나무라 부르는 이유는, 안석국安石國이라 부르는 페르시아에서 자라는 나무이기 때문이다. 인도에서 중국을 거쳐 삼국시대에 우리나라에 들어온 석류는 신라 역사에도 등장한다.

석류는 혹을 뜻하는 류瘤에서 왔으며, 붉은 열매가 혹처럼 달려 있다는 뜻이다. 한漢나라의 장건張騫이 서역의 안석국 길가 숲에서 종자를 가지고 돌아왔다고 하여 안석류安石榴라는 명칭이 생겼다고 전해진다. 또한 석류를 심을 때 자갈과 뼈다귀를 뿌리 밑에 두면 꽃과 열매가 무성하게 된다고 하여 안석安石이라는 명칭이 생겼다고도 한다.

옛 아리아인들은 석류나무를 오랜 옛날부터 도입해서 정원에 심고 과실, 과실의 껍질, 꽃, 잎, 뿌리 등 나무의 전부를 여러 가지 효용이 있는 약품으로 사용하였다. 기원전 522년에 페르시아 제국 아케메네스조의 대왕 다리우스 1세가 페르세폴리스 궁전을 건립할 때에도 석류나무의 꽃과 잎의 디자인을 궁전에 도입하고 다리우스 자신의 의복과 장신구에도 그 디자인을 사용하였다고 하니, 인간이 석류를 이용한 역사는 무척 오래된 것이다.

석류는 붉은색, 가지색, 노란색, 흰색 등 여러 가지로 피는데, 두 가지 맛이 있어 먹으면 신맛이 나는 종류가 있고 단맛이 나는 종류가 있다.

석류의 껍질(石榴皮)은 약재로 이용되는데, 설사, 이질, 기생충 구제에 효과가 있다. 또한 껍질에는 타닌, 종자에는 갱년기 장애에 좋은 천연식물성 에스트로겐이 들어 있으며, 열매와 껍질 모두 고혈압·동맥경화 예방에 좋고, 부인병과 부스럼에 효과가 있다. 과즙은 빛깔이 고와 과일주를 담그거나 농축과즙을 만들어 음료나 과자를 만드는 데 이용한다.

먼저 일러둘 것은, 아픈 이들을 살펴주던 식물들에 속해 있지 않은 식물들이 약리 효과가 전혀 없거나 한 것은 아니라는 점이다. 성지 현지에서 어떤 기능을 우선적으로 생각하고 실생활에 활용하였느냐에 따라 분류된 것인 만큼, 이를 고려하여 약용 여부에 접근하는 것이 합리적일 것이다. 대체 의학의 관점에서는 사실, 경전에 나오는 식물들 대부분이 약성이 있는 식물이라 해도 과언이 아니다.

아픈 이들을 살펴주던 식물들을 이해하기 위해서는 우선 인도의 전승 의학인 아유르베다에 대해 살펴봐야 할 필요가 있다. 건강을 회복시키는 원리를 자연에서 찾아 신체에 적용하는 방법이 바로 자연 치유, 대체 의학인데, 이러한 이유로 동양의 전통 의학이 새롭게 조명되고 있는 것과 마찬가지로 인도의 자연 의학인 아유르베다Ayurveda, 아랍권의 우나니Unani 의학, 티베트의 전통 의학 등 역시 주목받고 있다.

세계 3대 전통 의학

1. 인도의 아유르베다

아유르베다는 고대로부터 이어 내려온 인도의 전통적인 자연 의학으로 인간의 삶과 몸, 영혼에 이르는 인간의 모든 측면을 의미하는 "아유Ayus"와 '가장 깊은 수준에서의 지식 혹은 배움' 을 의미하는

"베다Veda"가 결합하여 만들어진 명칭이다. 즉 출생부터 죽음까지의 인간의 삶과 몸, 영혼에 이르는 모든 측면을 연구하여 단순히 신체의 질병을 없애고 치료하는 방법부터, 수명을 향상시키고 삶의 목적을 실현할 수 있게 하는 심리적, 영적 차원의 치료까지 함께 고려한 전통 의학 체계인 것이다. 그래서 아유르베다의 목표는 개인을 위해 바람직한 건강을 성취하는 것과 사회의 향상을 돕는 것, 영혼의 궁극적 해방을 쉽게 이루도록 하는 것이다.

이 학문의 발상은 약 3,000년 전이며, 4개의 베다 중에서 가장 늦은 『아타르바베다Atharva-veda』에는 수많은 의약이 등장하고 있는데. 초기의 주술적 성격에서 벗어나 상키아Sāṃkhya를 비롯한 철학의 영향을 받아 기원전 500년 무렵부터는 '합리경험의학'으로서 완성되었다.

아유르베다에 관한 최초의 기록은 기원전 1,500년경 중앙아시아로부터 이주해 온 아리안들의 성전인 베다에 남아 있다. 그러나 이 최초의 기록 이전인 기원전 3,000년경 4대 문명 중 하나인 인더스 문명 때부터 초기 아유르베다는 인도의 고대 도시 문명들의 주요 의료 방법으로 사용되었을 것이라고 한다.

이후 기원전 300년경에서 서기 600년경 인도는 불교가 융성하게 되는데, 이때 아유르베다도 많은 발전을 보인 것으로 알려져 있다. 많은 불교인들이 아유르베다를 실생활에 이용할 수 있는 과학으로 만들기 위한 체계적인 노력을 하였다. 즉 약초들을 공공도로의 주변에 심고 많은 병원을 설립하였으며, 인도의 2대 의학서로 뽑히는 『차라카 상히타』를 쓴 아유르베다 스승의 '차라카의 간호

법'이 널리 활용되고 체계화되었다. 뿐만 아니라 인도의 많은 아유르베다 의사들이 다른 나라들로부터 초대되어 교류하고, 다른 문명국들로부터 아유르베다를 배우기 위한 유학생들이 인도로 찾아왔다고 한다.

그러나 이런 발전들은 8세기경 인도가 외세의 침략을 받으면서 쇠퇴하게 되었고, 아유르베다의 지식들을 연구하고 보존하던 '많은 대학과 수도원, 사원들이 파괴'되었으며 '많은 아유르베다 스승들'이 전쟁을 피해 은거하게 되었다. 또한 18세기 중반부터 시작된 영국의 통치자들은 아유르베다를 시대에 뒤진 미신적인 것으로 취급했기 때문에 더욱 쇠퇴할 수밖에 없었다.

그러나 20세초에 인도의 독립운동이 시작된 이후부터 아유르베다는 재평가를 받고 발전하게 된다. 현재는 인도에서 50개가 넘는 대학들이 아유르베다 관련 학과를 개설하고 있고, 전문대학도 100개가 넘는다고 한다. 국제적으로도 아유르베다는 훌륭한 의료 체계로 재평가 받아 세계보건기구(WHO)로부터 '세계에서 가장 중요한 의학 전통 가운데 하나로 인정'받고 미국을 비롯한 많은 나라에서도 아유르베다를 연구하고 있는 실정이다. 인도에서는 5년제 대학과정을 졸업하면 바이디아vaidya의 칭호가 주어지고, 서양 의사와 함께 인도 의료인으로 종사할 수 있다.

아유르베다는 생명의 과학이며 그 방법은 아주 근본적이고 단순하다고 할 수 있다. 이것은 동양 의학(중의학)에서 자연과 인간의 몸은 하나이며, 하늘과 땅도 하나로 되어 있어, 우리 몸도 소우주라고 하는 것과 같다고 할 수 있다. 인간의 육신은 우주 육신의 일부이고 인간의 마음은 우주 마음의 일부로 보는, 서로가 아주 비슷한 전통이라고 볼 수 있다.

2. 이슬람의 우나니 의학

우나니Unani 의학은 고대 그리스의 히포크라테스가 약초를 연구한 것을 계승 발전시킨 것으로, 중세 아라비아의 여러 나라에서 이 의학이 꽃피웠었다고 한다. 우나니 의학은 아라비아를 거쳐 인도 이슬람 왕조로 전파되었고, 기존의 전통 의학인 아유르베다, 우나니, 요가는 인도 전통문화인 3대 의학으로 인정받게 되었다.

지중해 연안국에서 싹튼 이 고대 전통 의학은 중동에서 꽃을 피웠고, 10세기경 이슬람 문명의 보급과 함께 인도에 도입되었는데, 이 의학은 위胃로 내려간 음식물이 온기로 인해 전혀 다른 물질로 변형된다는 사실을 중심축으로 삼고 있다. 인체에 유익한 이 물질의 일부가 혈액에 따라 다른 신체 기관으로 운반되고 노폐물은 체외로 배출된다는 것이다. 우나니 의학에 따르면 이 과정에서 생성되는 물질은 4체액, 즉 혈액, 점액, 황담즙, 흑담즙이다. 이 네 가지 체액은 네 가지 본질, 즉 온기, 냉기, 습기(물기), 건조와 결합되는데, 우나니 의학에서는 네 가지 체액과 네 가지 본질이 서로 균형을 이룰 때 사람이 건강을 유지할 수 있다고 설명한다. 인체 내에 존재하는 네 가지 체액 중에 어느 한 가지가 우위를 점하는 이유는 기후, 나이, 직업, 습관과 같은 외부 인자의 영향 때문이라고 한다.

이슬람교가 태동하던 시절부터 통치자와 귀족들은 유나니 의학을 신봉하는 병원을 세워 인재 배출에 힘썼으나, 이후 인도를 점령한 영국은 유나니 의학이나 아유르베다에 관심을 보이지 않아 방치되었다가 19세기 말이 되면서 인도의 몇몇 학자들이 전통 의학에 대한 국민의 관심을 불러일으켜 오늘날에 이르고 있다.

3. 동아시아의 중국 의학

중국 의학은 수천 년 동안 중국에서 전해 내려오는 중국 고유의 의학이다. 중의학은 『황제내경皇帝内經』과 『상한론傷寒論』을 원천으로 맥진(脈診: 맥을 짚어 판단)과 설진(舌診: 환자의 혀를 보고 진단), 망진(望診: 눈으로 환자의 움직임, 분비물, 안색 등을 보며 진찰), 촉진(触診: 만져서 진찰) 등을 통해 얻어낸 자료와 환자의 증상과 체증體征을 분석하고 종합하여 질병의 원인과 성질 부위 및 사정邪正의 관계를 밝혀내는 것이다. 이 학문을 중국에서 배우게 되면 중의학이라고 부르며, 일본에서 배우게 되면 한방의학, 북한에서는 고려의학, 한국에서는 한의학이라고 하는데, 실제로 이론적 기초는 동일하다고 볼 수 있다.

중의학의 이론 체계는 장기간에 걸친 임상실전臨床實戰에 있으며, 유물론唯物論과 변증사상辨證思想 을 기초로 하고 있다는 것이 특징인데, 이러한 독특한 이론체계는 인체의 통일성을 강조하고 동시에 우주 자연과도 하나로 본다. 즉 우리의 인체를 소우주로 볼 수 있으며, 인간의 질병도 이러한 소우주와 대자연(대우주)과의 정체성이 파괴됨으로써 발생한다고 보는 것이다.

결론적으로 보면, 전 세계의 전통 의학은 모두 자연과의 일치와 조화를 중요시한다는 것을 알 수 있으며, 자기 자신의 건강관리를 위하여 가장 중요한 것 역시 자연의 이치에 맞는 생활 습관을 기르는 것이라고 하겠다.

76 아마륵수 ❶ 아말라카/암라

학명 *phyllanthus emblica*, *Embelica officialis*

과명 대극과/Euphorbiaceae

국명 암마라, 여감자余甘子, 아마륵阿摩勒

영명 Amla, Emblic, Indian gooseberry

불교 경전 속에서의 이름 아마륵수阿摩勒樹, 아마락가阿摩洛迦, 암마락가菴摩洛迦, 암마라菴摩羅, 아마륵菴摩勒

원어명(산스크리트어) Amla, Amalaka, Dhatri

『장아함경』, 『금강삼매경』, 『미린다왕문경』 1장, 『관세음보살수기경』, 『과거현재인과경』 4권125·153, 『심희유경甚希有經』, 『중본기경中本起經』 3 「화가엽품化迦葉品」, 『현응음의』 8·21·25, 『혜림음의』 26·28·30, 『유마경』 「제자품」, 『근본설일체유부비나야잡사』 1·2, 『선견률비바사』 1, 『아육왕전』 3, 『대반열반경』 5·13·24·27, 『대루탄경』 1, 『대보적경』 49, 『기세경』 1 「염부주품」, 『대당서역기』 2, 『잡아함경』 25권 641, 『아육왕시반아마륵과인연경』

산스크리스트어의 '아a'는 부정을 뜻하는 무無이며, '말라mala'는 오汚 또는 구垢이다. 따라서 이 과일의 이름은 '무구청정의 과실'이라는 의미를 가지며, 불교 경전 속에서도 아마륵은 '명백한 것'의 비유로 등장한다. 또한 율律을 주창하는 불교 경전 등에서 과실의 으뜸이며 여러 효능을 가진 약용 과실로서 매우 귀하게 여기고 있다.

불교 경전 속에 있는 식물 중에서 트리팔라Triphala란 젊음의 활기와 힘을 주는 세 가지 열매(three fruits)로 만든 약, 즉 라사야나rasayana인데, 아말라키(Amalaki, 아마륵)와 비히타키(Bibhitaki, 비헤륵), 하리타키(Haritaki, 가자訶子. 가리륵)의 세 가지 나무 열매를 같은 비율로 섞은 혼합물이 그것이다.

아유르베다의 이론에 따라 트리팔라의 세 열매는 각각의 도샤*에 해당되어 질병을 치료한다고 하며, 아말라키는 불, 비히타키는 물과 흙, 하리타키는 바람의 요소를 치료한다는 이치인 것이다.

트리팔라는 위장의 기능을 강화시키며 기생충을 없애고 장내에 축적된 독을 제거하는데, 아유르베다의 의사들은 보통 거의 모든 질병에 먼저 하제로서 트리팔라부터 처방할 정도로 중요한 약이기도 하다.

열매는 오렌지보다 20배나 많은 비타민 C를 함유하고 있는데, 열에 대단히 안정적이어서 고온에 장시간 노출되어 있더라도 나무에서 갓 수확했을 때처럼 비타민이 거의 파괴되지 않는다. 이것은 일년 가까이 된 말린 열매의 경우에도 마찬가지이며, 이처럼 안정적 성질에 도움을 주는 탄닌을 철, 소금과 결합하면 흑색으로 변하는데, 이는 잉크 제조에도 사용되고 있다.

열매는 떫은 맛 때문에 날것으로 먹지 못하고 얇게 저며 소금에 절여서 말린 상태로 먹는데, 처음엔 떫지만 나중엔 달아 여감자余甘子라고도 부른다. 소화를 돕고 식후에 입안을 개운하게 해준다.

풍부한 비타민 C로 인해 천연 모발 영양제로도 이용되는데, 이 식물의 추출물이 함유된 헤어 오일, 헤어 컨디셔너 등 모발 관리 제품도 판매되고 있다.

* 도샤(Dosha, 체질·병적 요소나 건강 요소 등): 사람이 건강한 상태를 이루기 위해서는 바타(Vata, 공기), 피타(Pita, 불과 물), 카파(Kapa, 물과 에테르)의 세 가지 도샤가 균형을 이루어야 한다. 아유르베다에서는 우주의 5요소(공간·바람·물·불·땅)가 인간의 육체 안에서 세 가지 도샤로 나타나며, 이 도샤의 균형이 깨지는 상태를 질병으로 본다.

이 나무는 중소형 크기의 낙엽 교목으로 인도 전역에 자생하거나 재배되는데, 꽃은 레몬 향을 풍기며 녹색을 띤 노란빛이고, 열매는 둥근 공 모양이며 녹황색이다. 이 나무의 학명은 *phyllanthus emblica*인데, *phyllanthus*는 그리스어로 'leaf-flower'라는 의미인데, 이는 잎이 작은 암꽃과 수꽃을 머금은 듯한 형상을 지녔기 때문이다.

77 아마륵수 ② 타마린드

학명 *Tamarindus indica*

과명 콩과/Leguminosae

국명 타마린드

영명 Imli, Indian Date, Indian Tamarind, Kilytree, Sampalok, Sweet Tamarind

불교 경전 속에서의 이름 아마락가阿摩洛迦, 암마락가菴摩洛迦, 암마라菴摩羅, 암마륵菴摩勒

원어명(산스크리트어) Amla, Amlika, Amli, Chukra, Sarvamda, Tintiri

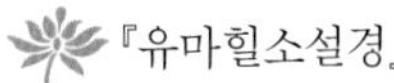

『유마힐소설경』

두 번째로 아마륵이라 음역되는 이 나무는 학명이 *Tamarindus indica*이다. 높이 20여 미터에 달하는 콩과의 식물로 북아프리카와 아시아 열대지방이 원산지다.

이 나무는 수형이 아름답기 때문에 가로수나 공원수로 심으며, 심재는 재목으로 많이 쓰는데, 필리핀에서는 덜 익은 녹색 꼬투리를 수프나 스튜에 넣어 끓이며, 인도에서는 타마린드로 피클과 병조림을 만든다. 또 인도에서는 짭짤한 음식과 달콤한 음식에 모두 쓸 수 있는 몇 안 되는 재료 중 하나로서 어린이들의 완화제, 괴혈병 치료, 카레의 조미료, 청량음료의 재료 등으로 이용한다. 베트남과 태국에서는 새콤달콤한 품종을 간식 삼아 꼬투리에서 꺼내 바로 먹거나, 설탕과 칠리고추와 함께 익혀서 스파이시한 사탕과자를 만들어 먹는데, 서양에서는 이것을 '스위트 타마린드'라는 이름으로 팔기도 한다.

78 비혜륵/비히타키

학명 *Terminalia bellirica*, *Myrobalanus bellirica*

과명 사군자과/Combretaceae

국명 세이타까 미로배란, 벨레릭, 비혜륵毘醯勒

영명 Beleric, Beleric myrobalan, Baheda

불교 경전 속에서의 이름 비혜륵과毘醯勒果, 비리륵毘利勒
원어명(산스크리트어) Bibhitaki, Vibitaki, Aksa, Kali

『중아함경』 31, 『대방광삼계경』, 『불본행집경』 49, 『비니모경』, 『선견율비바사』 17, 『근본설일체유부백일갈마』 8

이 나무는 아유르베다는 물론 인도 신화에 깊은 뿌리를 두고 있으며, 인도 및 주변 국가들에서 여러 가지 질병을 치료하는 데 사용되어 온 식물이다. 비히타키라는 이름 자체가 이 식물을 계속 상용하면 건강하고 모든 질병으로부터 자유롭게 한다는 것을 뜻하는 것과 같이 간, 심장, 기관지 질병 등에 널리 쓰이는 식물이다.

열매에는 오일이 35%, 단백질이 40% 가량 함유되어 있는데, 가자(haritaki, 가리륵), 아마륵수(amalaki, 아마륵)와 함께 아유르베다에서의 트리팔라에 들어가는 세 가지 열매 중 하나이다.

열매는 겨울에 겉이 딱딱하게 익으며 타원형 씨에 5~6개의 능선이 생기고 긴 육면체가 되는데, 고대 인도인들은 각 면마다 1에서 6까지 수를 새겨 주사위 놀이에 이용하였다.

이 나무에 대해서는, 고대 인도의 브라만교 근본 경전인 『리그베다rigveda』에도 약효가 뛰어난 고마운 과일이지만 이것을 너무 가까이 하면 도박에 빠지므로 경계하라고 기술하고 있으며, 『아타르바베다』에서도 도박에 이기기 위한 주문까지 기술돼 있는데, 여기서도 비히타키를 다루는 법을 자세히 기술해 놓고 있다.

고대 인도에서는 비히타키 열매를 바닥에 던져 손에 쥔 숫자 또는 바닥에 남은 숫자로 승부를 결정했는데, 4로 떨어지는 크리타가 가장 좋고, 나누어지지 않고 하나가 남은 칼리는 가장 나쁜 패였다.

즉 윷놀이의 모에 해당하는 것이 크리타krita이고, 칼리kali는 도에 해당한다고 보면 되는데, 만약 3개가 남을 경우는 트레타treta, 둘이 남으면 드와파라dvapara라고 불렀다. 크리타, 트레타, 드와파라, 칼리 등 네 가지 이름은 불교에서 이르는 겁劫의 개념과 함께 고대 인도 각 시대의 명칭으로 쓰였다. 가장 좋은 때를 크리타 시대, 가장 나쁜 때를 칼리 시대라고 불렀다고 하니, 이 나무와 고대 인도, 불교는 매우 밀접한 관계가 있음을 엿볼 수 있는 대목이다.

비헤륵은 건기에 여름잠(夏眠)을 자는 낙엽 활엽수이다. 인도 서부의 건조 지역을 제외한 대륙 전역에 자생하며, 스리랑카, 말레이시아, 태국 등 인도차이나 반도와 필리핀에서도 자라는데, 도시의 가로수로도 심으며 조건이 좋은 곳에서는 30미터가 넘는 거목이 되어 웅장한 모습을 보이기도 한다. 꽃이 화려하지는 않지만 향기가 매우 좋아 인도인들이 즐겨 심는 나무이기도 하다.

이 나무의 목재는 결이 물러서 건축재로는 쓸 수 없고, 가볍고 다루기 쉬워 주로 내장용 합판을 만들지만 벌레에 약하기 때문에 내구성이 떨어져 주로 포장용 상자나 제지 원료로 이용한다.

79 가자나무/가리륵/하리타키

학명 *Terminalia chebula*, *Myrobalanus chebula*

과명 사군자과/Combretaceae

국명 가자訶字나무, 가려륵訶黎勒, 가리륵訶梨勒

영명 Chebulic Myrobalan, Black Myrobalan

불교 경전 속에서의 이름 가리륵訶梨勒, 가자呵子, 가려륵訶黎勒
원어명(산스크리트어) Haritaki, Haritala

『보살본연경』, 『대방광삼계경』 상권, 『대반열반경』 24·31, 『밀린다왕문경』, 『비나야잡사』 1, 『현응음의』 24, 『과거현재인과경』 4, 『근본설일체유부백일갈마』 8, 『금광명경』 15, 『번역명의집』 8

가자訶字는 치자와 비슷하게 여섯 모가 진 갈색의 핵과核果이다. 가자는 11세기경 중국 의학에서 언급되며, 티베트 의학에서는 '약 가운데 왕'이라 지칭하는데, 인간의 여러 가지 고통을 덜어준다 하여 불화에서 부처님의 손 안에 이 열매를 그리기도 하였다.

아유르베다 의학에서도 매우 중요하게 다루어지는 식물로서, 맛은 쓰고 시고 떫으며 짜고 달다. 성질은 따뜻하며, 아유르베다의 6가지 맛 중 다섯 가지를 포함하고 있는데, 그중 특히 쓴 맛을 지니고 있다.

인도에서 널리 사용되는 약재인 트리팔라Triphala의 성분 중 하나로서 세 가지 열매 중 효능이 가장 강한 것으로 알려져 있다. 열매, 잎, 줄기를 모두 약재로 이용하나 주로 가을에 성숙한 과실을 채취하여 말려 사용한다.

한방에서 이 식물은 가자 또는 융모가자絨毛訶字라는 이름의 약재로 이용된다. 가자의 쓰고 떫은맛이 대소장을 수렴하면서 기를 내보내는 역할을 하는데 인후염, 폐렴 등에 쓰며, 얼굴과 가슴에 있는 기를 내리고, 오래된 담 해소, 소화 촉진, 지사제로의 역할을 한다고 한다. 우리나라에서도 약재로 쓰인다.

인도 북부와 미얀마가 원산지로 인도, 중국, 인도차이나 등지에도 분포하는데, 미숙한 열매는 피클로 이용하고, 과즙에서는 미로발란myrobalan이라는 황색의 염료를 추출하여 광목을 검게 염색하거나 가죽을 무두질하는 데 이용한다.

80 아선약수/해아다

학명 *Acacia catechu*, *Mimosa catechu*, *Acacia sundra*

과명 콩과/Leguminosae

국명 아선약수阿仙藥樹, 해아다咳兒茶

영명 Dark Catechu, Cutch Tree, thornless Catechu, black cutch

불교 경전 속에서의 이름 가지라軻地羅, 거타라佉陀羅, 걸지라朅地羅, 가리라軻梨羅

원어명(산스크리트어) khadira, khair

『대보적경』 28, 『잡보장경』 10, 『대열반경』「여래성품」 4, 『관허공장보살경』, 『법구경』 게송 98, 『다라니집경』 2, 『기세경』 1

이 나무는 상록수이며 오스트레일리아를 중심으로 열대와 온대 지역에 약 500종이 분포하는데, 인도와 미얀마에서 자라는 이 나무의 심재心材에서 카테큐catechu를 추출하여 지사제와 염료, 수렴제 및 타닌재로 이용하고, 이것을 약으로 쓸 때는 아선약阿仙藥이라고 한다. 우리나라에서도 조선시대 이전부터 이를 수입하여 약재로 사용하였는데, 만성 설사와 이질, 청량제, 소화제에 이용되었다.

불교 경전에 있는 아카시아, 즉 아선약은 높이 15미터 정도의 나무로 갈색 염료로 사용되기도 하는데, 목재는 단단하고 무거우며 내구성이 좋다. 열매는 훌륭한 단백질원이며, 가지는 양과 가축들의 먹이가 된다. 심재는 염료, 가죽 무두질, 어망, 약재, 윤활유에 사용되어 모든 부분에서 매우 유용한 나무이다. 특히 아선약의 씨는 기호식품인 Pann의 재료로서 단백질원으로 유명하며 화장품으로도 이용한다. 경전 속에는 같은 아카시아지만 약간 다른 종류도 등장하는데, 학명은 *Acacia polycantha* 또는 *A. catech*로, 영명 Cutch Tree, Whitethorn catechu에서 알 수 있듯이 일반 아선약수와 달리 흰 가시가 있는 종류이며, 크기도 약 25미터 정도로 더 크다. 뿌리는 뱀독의 제거에 쓰며 방충의 용도로 이용한다.

흔히 아카시아 나무라고 부르는 우리나라의 아카시아는 사실 아까시나무*Robinia pseudoacacia*인데, 콩과의 낙엽교목으로 우리나라에서 가장 많이 꿀을 따는 식물이기도 하다. 가시가 없고 꽃이 피지 않는 것을 민둥아까시나무(var. *umbraculifera*), 꽃이 분홍색이며 가지에 바늘 같은 가시가 빽빽이 나는 것을 꽃아까시나무*R. hispida*라고 한다. 너무 흔하고 다른 나무의 생장도 방해해서 조림 경관을 해친다고 하지만, 속성수인 탓에 1960년대 민둥산이던 우리나라의 산을 빠른 시간 내에 울창하게 만든 나무이기도 하다.

81 아르주나/아주타나

학명 *Terminalia arjuna, Pentaptera Arjuna*

과명 사군자과/Combretaceae

국명 아주르나Arjuna, 아유나

영명 Arjun, Arjuna, Kahua, Kumbuk, White Marudah, White Murdh

불교 경전 속에서의 이름 아주타나阿周陀那, 아순나阿順那, 알순나頞順那
원어명(산스크리트어) Arjuna

『용수보살본전』, 『중관론소』 제1

불교 신자라면 대부분 『화엄경』 80권, 39품, 10만 게, 240만 자를 총 770자 110구로 요약 정리한 게송*인 「화엄경약찬게華嚴經略贊偈」를 알 것이다.

아르주나는 이 「화엄경약찬게」 중 '대방광불화엄경 용수보살약찬게……'에 등장하는 바로 그 용수보살이 탄생하였다는 나무이다.

용수보살(龍樹菩薩, Nagarjuna)은 대승불교의 모든 학파에서 제2의 부처님으로 추앙될 만큼 불교사에 커다란 족적을 남긴 인물로서, 인도의 대승불교를 연구하여 그 기초를 확립시킴으로써 대승불교를 크게 선양한 인도 제14조이며, 공空의 논리를 체계화한 중관파中觀派의 시조이다.

용수보살이 세상을 떠난 후에도 남인도의 여러 나라에서 그를 위해 묘를 짓고 부처님과 같이 공경하며 섬겨왔는데, 그의 어머니가

* 게송偈頌: 산스크리트어 게타偈佗, Gāthā의 별칭으로, 게偈, 게어偈語, 게자偈子라고도 한다. 불경佛經에서 부처님의 가르침을 설명하기 위해 넣은 노래 형식이며, 매 구절이 세 글자나 네 글자, 다섯 글자, 여섯 글자, 일곱 글자 등으로 구성되어 있고, 그보다 많은 글자로 된 것도 있지만 보통 네 글자로 된 것이 많다. 이 외에 스님들이 지은, 깊은 뜻이 담긴 시가詩歌를 가리키기도 한다.

바로 이 나무 아래에서 그를 낳았으므로 아르주나라고 하며, 용(龍, Naga)이 그의 도를 완성시켰으므로 그의 이름이 나가르주나가 되었다고 한다.

인도 신화에서 이 나무는 라마Rama의 아내 시타Sita가 제일 좋아하는 나무로 여겨지고 있다. 25미터 정도나 되는 대형 상록수인 이 나무는 건강한 심장을 유지하고 정신적 스트레스 해소와 신경 안정에 도움을 주는 최고의 약초이며, 나무의 모든 부분이 의학적으로 유용하여 인도의 고대 의학인 아유르베다뿐 아니라 중동의 우나니 의학 등 전통 치료체계에서 모두 유명한 나무이다.

아르주나 추출물은 옛 인도에서 심장 강장제로 오랜 기간 사용되어 왔는데 주로 수피를 이용하며, 여드름 치료와 천식, 소화 장애, 이뇨 촉진 등에도 효과가 있다. 또 이 나무는 염색에도 이용되는데, 이용 부위는 역시 수피이며, 수피에서 추출하는 색소는 추출 방법에 따라 다르다.

원산지는 인도이고, 미얀마와 스리랑카에 서식한다. 사군자과는 나무와 관목, 열대산 덩굴식물 16개 속 600여 종으로 이루어져 있는데, 우리나라에는 사군자라는 식물이 있다.

82 조모우슬

학명 *Achyranthes aspera*

과명 비름과/Amaranthaceae

국명 조모우슬粗毛牛膝

영명 Laugh Chaff-Flower, Devil's Horsewhip, Prickly Chaff-Flower, Burweed

불교 경전 속에서의 이름 아파말리가阿波末利迦, 아파말리阿婆末唎, 아파말가阿波末迦

원어명(산스크리트어) Aparamarga

『천수다라니경』, 『불공견색경』, 『천수천안관세음보살치병합약경千手千眼觀世音菩薩治病合藥經』, 『천수천안관세음보살광대원만무애대비심다라니경』

국명이 조모우슬粗毛牛膝인 이 식물은 아주 오랜 옛날부터 민간 약재로 사용되고 있으며, 인도에서도 약초로 유명하다. 이 식물은 일반적으로 전갈이나 뱀독에 의한 마비에 해독 작용을 한다. 또한 인도에서는 이 식물의 씨가 구황 식물로 이용되고, 서부 인도에서는 이 식물의 즙을 치통 완화제로 이용한다.

우슬은 그 형태가 소의 무릎을 닮아서 붙여진 이름이라 하며, 생김새대로 무릎의 질환(관절염·류머티즘성 관절염·타박으로 인한 염증)을 치료하는 데 현저한 효과가 인정되고 있다. 또 허리와 다리가 무겁고 통증을 느끼며 근육 경련이 있을 때에 많이 활용한다. 민간에서는 어린싹을 나물로 먹고 뿌리는 신경통에 쓰기도 하는데 한방에서 많이 쓰이고 있으며, 대표적인 처방은 관절염에 쓰이는 우슬탕牛膝湯과 혈압에 복용하는 평간강압탕平肝降壓湯이 있다.

조모우슬은 비름과에 속하는데, 비름과는 64속 800종이 있고 열대지방에 집중되어 있다. 특히 미국과 아프리카에 많으며 한국에는 쇠비름 등 3속 7종이 있다.

83 바사카

학명 *Adhatoda vasica, Justicia adhatoda*

과명 쥐꼬리망초과/Acanthaceae

국명 말라바 넛, 바사카(Vasaka)

영명 Vasaka, Malabar-Nut-Tree, Adhatoda

불교 경전 속에서의 이름 암마라菴摩羅, 암파라菴婆羅
원어명(산스크리트어) Vasaka

『유마힐소설경』, 『밀린다왕문경』 4-117

바사카는 수천 년간 인도의 전통 의학에서 호흡장애 증상을 치료하는 데 사용되어 왔고 결핵과 기관지염에 유용한 것으로 알려져 있는데, 나뭇잎을 달인 즙은 기침과 감기에서 오는 다양한 증상들을 해결할 수 있다고 한다.

아유르베다 의학에서는 혈액 장애와 심장 질환, 갈증과 천식, 발열 및 구토, 기억 상실, 황달에 이용되어 왔다고 하는데, 과학적으로도 이 식물의 꽃과 잎은 호흡장애, 결핵, 기관지염에, 찜질은 류머티즘, 관절염에 효과가 있고, 잎의 향기는 혈행 장애, 심장 질환, 천식, 발열과 구토와 황달을 다스리며, 뿌리의 즙은 천식, 기관지, 기침에 효과가 있음이 입증될 정도로 전초가 뛰어난 약성을 지닌 식물이다.

바사카는 인도의 초원과 히말라야 저지대에서부터 해발 1,000미터 지대까지 서식하는 관목이다. 다른 열대지방에서 재배되기도 하며 건조하고 습기가 적은 토양에서 잘 자란다. 꽃은 크고 매력적인 흰색의 꽃잎을 가지고 있으며, 열매는 작은 캡슐 속에 4개가 있는데, 줄기는 부드러워 화약을 만드는 좋은 숯 재료로 쓰인다.

84 빈랑수/베텔야자

학명 *Areca catechu*

과명 야자과/Palmae

국명 빈랑수檳榔樹

영명 Areca Nut, Betel Palm, Betelnut, Bunga, Catechu, Pinang

불교 경전 속에서의 이름 저빈랑猪檳榔, 빈랑피檳榔皮, 빈랑의檳榔衣, 대복융大腹絨, 대복모大腹毛, 빈랑피檳榔皮, 빈랑각檳榔殼

원어명(산스크리트어) akoth, chamarpushpa, pugaphal, puga

『금광명경』, 『금광명최승왕경』

말레이시아가 원산지이며, 열대 아시아를 비롯한 중국 남부에서 오래 전부터 식후에 기호품으로 즐겨왔던 판paan의 재료가 되는 나무로, 한자어 빈랑賓郎은 귀한 손님이라는 뜻에서 나온 말이다(Pann에 대한 내용은 베텔후추 편 참고). 손님이 왔을 때 식후에 껍질과 함께 구장(베틀후추), 카다몬, 회향과 함께 싸서 씹기 때문인데, 전 세계 4억 명 이상이 이것을 씹고 있고 종류도 다양하며, 인도에서만도 연간 10만 톤 이상을 소비한다고 한다.

그러나 수행자들에게는 철저하게 금지된 식품이었으며 불교 경전에서도 빈랑자를 포함한 약용 식물인 판도 청결치 못하다고 하여 금지하였는데, 식후에 빈랑자를 깨무는 행위 자체를 청정한 수행(梵行)을 해치는 행위라 하여 엄격하게 통제하였다.

빈랑은 타이완 사람들이 예로부터 즐겨 왔는데, 잠이 오거나 술에 취했을 때 정신을 맑게 해주는 효능이 있다는 이유로 거리에서 직업적으로 빈랑을 파는 빈랑서시라는 직업의 여성이 있을 정도이다.

덜 익은 열매를 이르는 대복피大腹皮는 복부 팽만감 등을 개선시켜 주고, 잘 익은 씨인 빈랑자檳榔子는 기의 순환을 도와주며, 잘 익은 열매의 씨인 대복모大腹毛는 살충, 이뇨 작용이 있다.

85 향부자

학명 *Cyperus rotundus*

과명 사초과/Cyperaceae

국명 향부자香附子

영명 Coco grass, Common Nut Sedge, nutgrass, purple nutsedge

불교 경전 속에서의 이름 발타라鉢朶羅
원어명(산스크리트어) Bhadrakaka

『최승왕경』 17, 『사분율』

한의학에서 약용으로 사용하는 향부자는 성질이 따뜻하고 매운맛이 있어서 사방으로 기를 펴지게 하는 효능을 지니고 있다. 특히 부인병의 선약이라고 할 만큼 부인병에 효과가 좋은데, 『동의보감』에는 향부자가 여성들의 울화증을 낫게 하고 기나 혈을 잘 흐르게 소통시키므로 생리통이 심한 경우나 생리불순에도 효과가 좋다고 한다. 임신이 되지 않는 경우에도 향부자를 가을에서 이듬해 봄 사이에 채취하여 털뿌리와 비늘 모양의 잎을 제거한 뒤 햇볕에 말려 처방하는데, 향부자는 향균 작용과 소염 작용도 있다. 향부자의 뿌리 끝에 달린 덩이뿌리가 정유精油와 지방유를 함유하며, 인도네시아에서나 우리나라 민간에서도 폐결핵의 진핵제로 사용한다.

이 식물은 다년생 초본으로 일본, 대만, 중국 및 열대에서 아열대 지방에 걸쳐 널리 분포하는데, 흔히 바닷가와 냇가의 양지바른 곳에서 잘 자라며, 척박한 땅에서도 잘 자라지만 추위에는 약하다.

86 날목/모링가나무

학명 *Moringa oleifera*

과명 날목과辣木科/Moringaceae

국명 날목辣木, 모링가나무

영명 Drumstick tree, Horseradish tree, Benzolive Tree

불교 경전 속에서의 이름 건타수乾陀樹, 건대乾大, 건두乾杜
원어명(산스크리트어) Gandha

가데니아, 쌩통나무와 함께 건타수라 부르는 모링가나무는 인도와 히말라야가 원산지인 여러해살이나무로 아프리카와 마다가스카르, 아시아. 그리고 남미 대륙에서 자생하고 있는 나무인데, 아주 건조한 모래 흙속에서도 잘 자라며 가뭄에 대한 저항력도 큰 식물이다.

열매 모양 때문에 Drum stick이라고도 부르는 모링가나무는 그 열매의 길이가 약 20센티미터까지 자라며 모양은 마치 무처럼 길고 녹갈색을 띠고 있다.

모링가의 효능은 매우 뛰어나 기원전 2,000년경부터 메디컬 허브로 언급되었고, 『아유르베다』에는 모링가가 300여 가지의 질병을 예방한다고 기술되어 있을 정도이다. 수세기 동안 모링가는 강물을 정화하기 위해서도 활용되었으며, 전 세계로 퍼져 음식으로도 이용되고 있다.

세계에서 가장 유용한 나무 중 하나라 해도 과언이 아닐 정도로 매우 유용한 나무로, 나뭇잎과 열매는 물론 나무 전체를 식용으로 할 수 있다. 열매는 뱀처럼 독을 가진 동물들에 물렸을 때 으깨서 바르거나 해독을 위해 섭취하기도 하고, 풍부한 영양 성분과 식물 화합물과 항산화 물질로 인슐린 분비를 촉진하고 당뇨 합병증을 예방하는 건강 음식이다.

모링가나무의 씨에서 추출하는 모링가 오일은 올레산이라는 불포화 지방산이 풍부해 피부가 건조해지는 것을 막아주며, 고대 이집트에서는 모링가를 사막 기후에서 피부를 보호하는 유효한 약재로 사용하였다. 씨에서 추출한 오일(벤 또는 베헨 오일이라 불림)은 아기들의 피부를 진정시키고 유연화시키는 데 사용되며, 뿌리는 고추냉이를 대체할 대용품으로 사용되기도 한다.

이 나무는 골밀도를 높여주는 효과뿐만 아니라 피부염증, 빈혈 치료에 효과가 있으며, 또한 정수 효과도 있어 식수에 부적합한 물을 식수용으로 전환할 수도 있다. 서아프리카 지역에서는 당뇨 치료제로, 인도에서는 고혈압 치료에 이용한다. 시금치보다 철분이 3배나 많으며, 올리브기름보다 더 좋은 품질의 식용유로 쓸 수도 있다고 한다. 열매의 맛이 좋아서 열매로 만든 모링가 유, 모링가 소스 등이 각종 요리에도 쓰인다.

이 나무는 날목과에 속하는데, 날목辣木은 매운 나무라는 의미이며, 식물 자체를 날목이라 부른다. 한방에서도 날목과(辣木科, Moringaceae) 식물인 날목(辣木, Moringa oleifera)의 뿌리와 잎, 나무껍질을 약재로 쓴다.

87 호로파/페뉴그릭

학명 *Trigonella corniculata*, *Trifolium corniculatum*

과명 콩과/Leguminosae

국명 호로파葫蘆巴, fenugreek

영명 Cultivated Fenugreek, Wild trefoil

불교 경전 속에서의 이름 필력가畢力迦, 필률가必栗迦
원어명(산스크리트어) kotivarsa

『대보광박루각선주비밀다라니경』, 『혜림음의』 12

높이 약 50센티미터까지 자라는 호로파는 6~8월에 노란빛을 띠는 감색의 꽃이 피고 8~9월에 꼬투리 모양의 열매가 열리는데, 꼬투리 안에는 씨앗이 10~20개씩 들어 있다.

호로파 씨는 대개 햇볕에 말려 약용한다. 씨에는 매우 적은 양의 정유가 들어 있으며 성질이 따뜻하고 독이 없어 아프리카나 중동, 인도 등지에서는 옛날부터 방광과 신장의 병을 치료하는 데에 이용했고, 식은땀이 흐르거나 배가 찬 사람을 치료하는 데에도 이용해 오고 있다. 오늘날에는 이 호로파가 체중 조절에도 효과가 있는 것으로 알려져 활발히 연구되고 있다.

종자는 살짝 볶아서 분쇄하면 달콤한 캐러멜 같은 방향이 강화되어서 날것보다도 좋다. 가장 중요한 용도는 이미테이션 메이플 시럽의 향 원료로 이용되는 것이며, 담배의 향이나 동양의 조합 향료에도 많이 이용한다. 인도에서는 야채의 일종으로 사용하여 카레 요리에 쓰기도 한다.

씨와 잎 등은 독특한 향과 맛을 내서 향미료로 이용되기도 하고, 잎은 익혀서 요리해 먹거나 샐러드나 카레 요리에 넣어 먹기도 하며, 차 또는 술로 만들어 먹을 수도 있다. 지중해 서부가 원산지이며 동남아시아, 유럽에서 많이 심는다.

88 따나카나무

학명 *Feronia limonia*

과명 운향과/Rutaceae

국명 따나카(thanakha)나무

영명 wood-apple, elephant-apple, monkey fruit, curd fruit

불교 경전 속에서의 이름 겁비타과劫比他果
원어명(산스크리트어) Kapittha, Kapitha, Dadhistha

『잡아함경』, 『마하승기율』 33, 『혜림음의』 26, 『잡아함경』 26

따나카나무는 인도, 말레이시아, 방글라데시, 스리랑카, 파키스탄, 인도네시아 등지에 분포하는 아름다운 식물이다. Wood apple이라 부르는 이 나무는 열매, 잎, 미성숙 과육 등을 먹기도 하지만 의약품으로서 더 알려져 있다. 즉 고대 의서인 『아유르베다』에 등장하고 있을 뿐 아니라 힌두 경전에서도 그 약리 효과를 기술하고 있고, 시바신과 관련지어 다뤄지고도 있다. 힌두교도들은 이 나무에 신이 살고 있다고 믿고 있으며, 여신 락쉬미와도 관련이 있다고 여길 정도로 친숙하게 여기는 식물이다.

또한 이 나무는 미얀마인들에게도 아주 익숙한 식물인데, 수피 가루는 약 2,000년 전부터 사용해온 미얀마의 전통 화장품으로서, 피부를 시원하게 해주는 효과가 있을 뿐 아니라 모공을 축소시키고 유분을 조절해주며 자외선을 차단해주는 효과가 있다고 한다.

줄기 지름은 5센티미터 정도까지 자라는 데 3~10년 정도 걸리며, 딱딱하면서도 얇은 껍질을 만든다. 따라서 이 나무가 여러 가지 약리 효과를 나타내기 위해서는 적어도 10년 정도 걸린다는 것이 정설이다.

잎, 열매, 뿌리 등 대부분이 의약 성분을 가지고 있는데, 열매는 강장제 역할을 하며, 천연두 치료와 해독제 역할을, 잎은 심장병과 감기를 다스린다.

이 나무에 관해서는 우리나라에서도 텔레비전 등 매스컴에서 다뤄진 적이 있을 만큼 화장품 등으로서의 효과가 큰 매우 경쟁력 있는 식물이다.

따나카나무는 운향과의 식물로, 운향과에는 많은 사람들이 좋아하는 오렌지, 귤, 유자 등이 속해 있다.

89 해홍두/감포

학명 *Adenanthera pavonina*

과명 콩과/Leguminosae

국명 홍두紅豆, 상사자相思子/중국: 공작두孔雀豆, 해홍두海红豆

영명 Red Sandalwood, Coral-wood, Red Bead Tree, False Wili Wili

불교 경전 속에서의 이름 감포紺蒲
원어명(산스크리트어) Kamboja

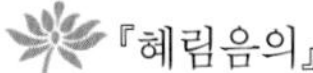『혜림음의』

자단(Red Sandalwood)이라고도 부르는 이 나무는 동남아시아 열대지방에서 자라는 교목으로 매우 견고하여 목재로 이용하는 나무이다. 또한 차광수와 풍치수로도 식재를 하는데, 아시아와 아프리카에서는 종자를 목적으로 식재를 한다.

이 나무의 매력적인 붉은 열매는 서캐션 시드Circassian seed라 하며, 목걸이나 염주 등의 장신구 구슬로 이용하는데, 열매 4개가 정확히 1그램이어서 고대 인도에서는 금의 무게를 측정하는 데 이용했다고 한다. 이 나무의 열매는 매우 예뻐서 아이들에게 인기가 있으며, 어린잎은 요리해 먹을 수도 있다. 씨도 식용이 가능하나 날것은 독이 있어 반드시 익혀 먹어야 한다.

또한 이 나무로부터 얻는 붉은 가루는 염색제와 소독제로 이용하는데, 아유르베다에서도 해열과 염증 치료제로 이용하였다. 단풍이 든 잎을 다린 물은 통풍과 류머티즘에, 수피는 머리 감는 데 이용하기도 한다. 최근 의학 자료에서도 이 나무의 성분이 공기 오염원에 대해 진정, 경감 및 자극 억제 등의 효과가 있으며, 피부 및 모발 트리트먼트의 용도로 이용할 수 있다는 점이 알려져 있다.

90 우각과/아라가화

학명 *Calotropis gigantea*

과명 박주가리과/Asclepiadaceae

국명 우각과牛角瓜

영명 Bowstring Hemp, Crown Flower, Giant-Milkweed, Madar, Swallow-Wort

불교 경전 속에서의 이름 아라가화阿羅歌華, 아가阿迦, 알가遏迦
원어명(산스크리트어) Arka, Alarka

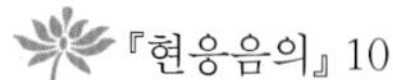『현응음의』 10

아라가화(阿羅歌華, Arka, Alarka)는 열매가 쇠뿔 모양을 한 오이를 닮아서 우각과牛角瓜라고도 한다. 높이 4미터의 큰 관목으로, 희거나 연한 연보라색 꽃이 줄지어 피어 있는데, 꽃 중심부가 왕관 모양을 이루어 Crown flower라고도 부른다.

인도네시아, 말레이시아, 필리핀, 태국, 스리랑카, 인도 등이 원산지인 이 식물은 인도에서는 원주민들이 줄기에 상처를 내 매운 맛의 유백색 즙이 나오면 간질의 치료제로 쓰거나 유해동물의 퇴치용으로 사용하였다. 고대 농업 관련 문헌 속에서는 흰개미나 진딧물 방제, 잡초 제거에 잎을 이용했다고 하며, 『아유르베다』에는 이 식물을 말리면 식물 전체가 좋은 강장제, 거담제, 그리고 구충제로 쓰인다고 기록되어 있다.

소금을 섞은 즙은 치통에, 어린 봉우리의 즙은 귀가 아플 때 이용하며, 특히 아라가화에서 얻어낸 섬유질은 활의 시위를 만들 만큼 튼튼해서 인도에서는 밧줄, 카펫, 어망의 제작에 이용하며, 절을 조성할 때도 혼합물로 사용하기도 한다.

특히 수피는 신경성 피부염, 잎은 찜질제, 식물체의 즙은 제혁(무두질)의 황색 염료로, 줄기는 섬유로 사용하는 등 여러 가지로 매우 유용한 식물이지만 식물 전체가 독이 있으므로 주의해야 한다.

이 식물은 박주가리과의 관목으로 중국 남부와 인도, 동남아 아열대 지역에 분포하며, 낮은 지대의 볕이 드는 산비탈, 들판 및 해변에서 자란다. 박주가리과 식물인 만큼 열매와 씨앗이 박주가리와 닮았는데, 박주가리과 식물은 우리 주변에서 흔히 볼 수 있다. 다육식물 중에 호야라 부르는 식물과 하트 모양의 잎이 예쁜 러브체인 역시 박주가리과이다.

91 대마

학명 *Cannabis sativa*

과명 삼과

국명 대마大麻

영명 Hashish, Hemp, Indian Hemp, Marihuana, Mary Jane

불교 경전 속에서의 이름 상나商那, 사나舍那
원어명(산스크리트어) Sana

삼은 약 30퍼센트의 기름이 들어 있는 씨를 얻기 위해 심거나, 잎과 꽃에서 얻는 마약제인 마리화나와 해시시를 얻기 위해 재배되는 식물이다. 중앙아시아가 원산지이며, 기원전 2,800년 무렵 중국에서 섬유를 얻기 위해 재배하였다. 유럽에서는 지중해 연안 국가에서 재배가 시작되었으며, 중세 시대 유럽의 나머지 지방에도 널리 전파되었다.

공정을 거쳐 얻어낸 섬유는 질기고 튼튼해 삼실, 직물용 실이나 로프, 굵은 밧줄, 노끈 등을 만드는 데 쓰이며, 인공 스펀지나 굵은 마직 캔버스와 같은 거친 직물을 만드는 데도 이용되고, 목질부는 펄프로, 과실은 향신료의 원료가 된다. 또 삼의 씨에서 추출한 기름은 페인트와 니스, 비누, 식용유 등을 만드는 데 사용하며, 씨는 새장에서 기르는 새의 먹이로 이용하기도 한다. 한방에서는 열매를 대마인大麻仁, 마자인麻子仁이라 하여 완화제, 이뇨제, 통경제로 이용한다.

마약인 대마초는 삼의 이삭이나 잎으로, 이를 피우거나 씹거나 먹으면 중독 증상을 나타내며, 사고력의 저하, 비현실감, 망상, 흥분 등의 증상이 나타나고, 시각과 운동신경에 장애를 일으키기도 한다. 마약 중 마리화나는 그 잎이나 꽃이삭을 말린 것이고, 해시시hashish는 수지樹脂를 굳힌 것이다.

삼이 속한 삼과는 2속屬 3종種의 방향성 풀로 이루어져 있으며, 우리나라에는 환삼덩굴이 있다.

92 잇꽃/홍화

학명 *Carthamus tinctorius*

과명 국화과/Compositae

국명 잇꽃, 자홍화刺紅花, 초홍화草紅花, 홍람화紅藍花, 황람黃藍

영명 American Saffron, Bastard Saffron, Dyers Saffron, Safflower

불교 경전 속에서의 이름 구손파俱遜婆

원어명(산스크리트어) Kusumbha

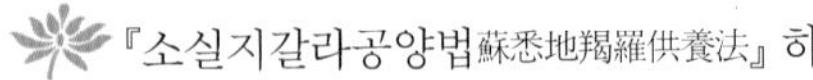

『소실지갈라공양법蘇悉地羯羅供養法』 하

홍화의 학명 중 속명인 'Carthamus'는 아랍어의 'korthom', 즉 '염색한다'라는 뜻이다. 종자는 흰색으로 35~45퍼센트의 기름을 함유하고 있으며, 작은 해바라기 종자와 비슷한데 식용유와 등유로 사용한다. 홍화는 일년생 초본식물로 원산지는 이집트, 남아시아로 추정되며, 자홍화刺紅花, 초홍화草紅花, 홍람화紅藍花, 황람黃藍이라고도 부른다.

한방에서의 홍화는 이른 여름 노란 꽃이 빨갛게 변할 때 꽃을 채취하여 그늘에서 건조하여 약재로 이용하고 식물체 전체를 차로 마시기도 하는데 특히 홍화씨의 약성이 뛰어나다. 맛이 맵고 성질은 따뜻하여 심장과 간에 작용하며, 어혈을 없애고 혈액순환을 촉진한다. 이 외에도 뼈를 강하게 하는 효능이 강하여 관절염, 요통, 골절, 산후조리, 골다공증에도 효과가 있으며, 특히 여성들에게 유익한 식물이다.

염료로서의 홍화는 적색 계통의 식물성 염료의 하나로 입술연지는 물론 종이와 식품의 착색용으로 이용되어 왔다. 홍화를 염료로 사용한 시기는 4,000여 년 전 이집트로 거슬러 올라가며 중국에는 한나라 때 전해졌다고 한다. 우리나라에서도 평양 낙

랑고분에서 홍색으로 염색된 천이 출토된 바 있어 그 역사가 깊다는 것을 알 수 있다. 특히 조선시대에는 홍화 염색이 일반화되어 서민들은 밭에서 재배하여 염색하였는데, 그 가격이 상당하여 15세기에는 홍화 한 근이 쌀 한 섬에 달하였다. 홍화는 국화과 식물이며 전 세계에 956속 2만여 종이 분포하는데, 한국에도 과꽃, 국화, 수리취, 지느러미엉겅퀴, 해바라기, 금잔화, 상추 등 390여 종이 있다.

93 코코넛 야자

학명 *Cocos nucifera*

과명 야자과/Palmae

국명 코코넛 야자

영명 Coconut Palm, Coconut Tree

불교 경전 속에서의 이름 나리라那利羅
원어명(산스크리트어) Kalpavriksha, Naarikela, Narikela

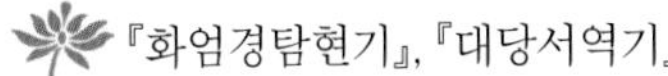
『화엄경탐현기』, 『대당서역기』

코코넛 야자는 말레이반도가 원산지이고, 열대와 아열대지방에 분포하며, 열대지방에서 중요한 경제 수종으로 그 용도가 매우 다양하다.

기둥 같은 줄기는 건축물에, 잎은 엮어서 지붕을 덮는 데 쓸 수 있다. 또한 가정용구, 장식 그릇으로도 만들며 태워서 필터, 활성탄 제조 용도로도 이용할 수 있다.

덜 익은 열매에 들어 있는 액체는 담백하면서도 단맛이 나며, 잘 익은 것은 단단한 껍질 속에 흰 과육이 채워져 있는데, 그 과육을 말린 것이 코프라copra이다. 코프라를 잘게 썰거나 부순 것은 케이크에 토핑하기도 하고 쿠키나 초콜릿을 씌우는 데 사용하는데, 이것을 코코넛 크림 또는 코코넛 밀크라고 부른다.

또한 코코넛 과육을 갈아서 설탕과 흰자를 섞어 코코넛 마카롱을 만들며, 과육을 조려 잼을 만들기도 한다. 과육을 말린 코프라는 거의 지방으로 구성되어 있어 기름을 짜낼 수 있는데, 이것을 코프라 오일 또는 코코넛 오일이라고 한다. 코프라에서 짜낸 기름은 요리에 사용하고, 마가린, 비누, 양초 등의 원료로 쓰는데, 기름을 짜고 남은 찌꺼기는 비료나 가축의 사료로 쓴다.

또한 열매의 겉껍질에서는 바닷물에 매우 강한 섬유인 코이어

coir를 뽑아내는데, 이 섬유는 밧줄, 방석, 바구니, 솔, 빗자루를 만드는 데 이용된다. 꽃이삭을 잘랐을 때 나오는 액체를 토디toddy라고 하고, 설탕과 술, 식초를 만드는 데 사용하는 등 이용 부위가 꽃, 잎, 열매, 수피, 나무, 씨앗 등 식물 전체여서 매우 유용한 식물이다. 종교적인 관점에서 보면, 미얀마의 경우 집의 수호신으로서 붉은 천으로 감싼 코코넛 야자를 방의 기둥 모퉁이에 걸고 커튼을 달아두기도 한다.

94 루드락샤

학명 *Elaeocarpus ganitrus*

과명 담팔수나무과/Eleocarpaceae

국명 루드락샤(Rudraksha), 금강자金剛子, 금강주金剛珠

영명 Rosery nut, Utrasum bead tree, blue oive berry

불교 경전 속에서의 이름 악차취惡叉聚, 명로날락차嗚嚕捺絡叉
원어명(산스크리트어) Rudraksha, Aksa

『능엄경』1, 『성유식론』 2, 『현응음의』 22·23, 『유가사지론』 51·56·96, 『유가론기瑜伽論記』 13, 『성유식론술기』 2, 『성유식론연비』 2, 『혜림음의』 35, 『번역명의집』 3

인도에서 흔히 목걸이용으로 사용되는 루드락샤 열매는 불교나 힌두교에서 영적인 상념이나 명상이 요구되고 혼란한 상황을 극복하고자 하는 종교적 의미로 이용된다. 힌두교도 중에서 루드락샤로 만든 목걸이(염주, 주술용 목걸이)는 시바신을 숭배하는 시바파들이 주로 착용한다고 하는데, 원산지인 히말라야의 루드락샤가 타 지역의 그것보다 더 귀하게 여겨지고 있다.

무엇보다도 루드락샤라는 단어 자체가 루드라(Rudra=Shiva: the Hindu God of all living creatures)의 눈, 즉 시바의 눈(aksha=eyes)이라는 의미를 담고 있는데, 인도 신화에서는 이 나무가 시바신이 중생들의 고통을 보고 흘린 눈물이 자라 생겨난 나무라고 전하고 있다. 마른 열매의 표면에 1개에서 21개의 홈이 생기는데, 그 홈의 숫자에 따라 품질을 따진다. 열매의 홈은 보통은 다섯 개인데, 다섯 개의 줄은 시바가 다섯이라는 의미로 받아들이고 있다.

루드락샤로 만든 목걸이는 이중의 의미가 있어, 패션용은 물론 심적인 안정과 보호를 위한 목적을 내포하고 있다.

루드락샤는 거의 흰색으로 내구성도 높아 목재로서의 매우 가치가 높으며, 제1차 세계대전 중에는 프로펠러의 제작에 이용되기도 했다.

영적으로 이 나무는 우울증, 스트레스, 당뇨병, 암, 심장 질환, 혈액 관련 질환 등을 치유할 수 있다고 믿어진다. 의학적으로도 열매는 스트레스 감소와 두통 완화, 기침과 기관지염 등에 효과가 있다고 한다. 열매가 완전히 익으면 푸른 껍질로 변한다. 이처럼 블루베리 구슬로 인식되는 루드락샤나무는 키 25미터 정도에 환상적 형상의 꽃과 아름다운 색의 열매를 가진 나무로, 다방면으로 유용한 나무인 것이다.

이 나무가 속한 담팔수과는 열대와 난대, 온대, 특히 남반구에 약 7속 120종이 있으며, 우리나라에는 제주도에서만 자라는 담팔수나무가 있다.

95 섬유목화

학명 *Gossypium herbaceum*

과명 아욱과/Malvaceae

국명 섬유목화纖維木花

영명 Indian Cotton Plant, Arabian Cotton, Cotton

불교 경전 속에서의 이름 겁패劫貝, 거파라劫波羅, 도라면兜羅綿
원어명(산스크리트어) Karpasa, Karpasah, Karpasaha, tula

『현응음의』 1·14·17, 『혜림음의』 26, 『장아함경』 24, 『기세경』 1, 『대반열반경』 20, 『사분율』 39, 『구사론』 12, 『선견율비바사』 14

섬유목화는 아욱과 목화속의 식물 가운데 섬유를 뽑는 식물, 또는 그 섬유를 일컫는다. 인도에서는 기원전 3,000년경에 첫 목화 재배가 이루어졌는데 인더스 유적과 안데스 유적에서 목화가 발견된 것은 이 때문이다. 그리스 역사가이자 철학자인 헤로도투스가 목화씨를 유럽으로 가져가면서, 유럽에서도 섬유목화의 재배가 이루어졌다.

우리나라에는 고려 말기의 문신 문익점이 목화씨를 가져왔다고 알려져 있는데, 목화가 원나라의 금수품목으로 지정되어 있어서 붓뚜껑 속에 몰래 목화씨를 숨겨서 들여 왔다는 설이 있지만, 당시 원나라에서 금수품목으로 지정한 것은 화약 등의 무기류였기 때문에 역사적 근거는 희박하다.

목화의 원산지는 인도이며 분포 지역은 열대와 온대지방이다. 보통 한해살이풀이지만 작은 관목 형태도 있다. 온대 지역에서는 90센티미터 내외이지만 열대에서는 2미터까지 자라며, 열매가 성숙하면 긴 솜털이 달린 종자가 나오는데, 털은 모아서 솜을 만든다.

Gossypium nanking Meyen 혹은 동속 근연식물의 씨를 면실자棉實子라 하는데, 목화의 종자는 기름을 짠다.

아욱과에는 82속 1,500종이 있고 관상용과 공업용으로 재배하는데, 우리나라에는 무궁화와 부용, 접시꽃, 목화, 닥풀 등이 있다.

96 꽃무릇/석산

학명 *Lycoris radiata*, *Amaryllis radiata*

과명 수선화과/Amaryllidaceae

국명 꽃무릇, 석산石蒜, 이별초, 피안화彼岸花

영명 Magic Lily, Red Spider Lily, Spider Lily

불교 경전 속에서의 이름 만수사화曼殊沙華, 여의如意, 적단화赤團花
원어명(산스크리트어) Manjusaka, maju • aka

『법화경현찬』 2, 『대반열반경』 10권-18, 『관세음보살수기경』, 『현응음의』 3, 『혜림음의』 27, 『번역명의집』 8, 『법화경』 19품, 『과거현재인과경』 3권 99·153

인도 사람들은 석산을 천상계의 꽃 만수사화라 부르는데, 이는 maju·aka의 음사이며, 지상의 마지막 잎까지 말라 없어진 곳에서 화려한 영광의 꽃을 피운다 하여 피안화彼岸花라고도 한다.

우리나라에서는 지방에 따라서는 꽃무릇, 지옥꽃이라고도 부르는데, 피처럼 붉은 빛깔의 꽃과 알뿌리의 독성 탓에 죽음의 꽃으로 여겨져 왔고, 그래서인지 꽃말도 두 번 다시 돌아올 수 없는 죽은 사람을 그리워하는 '슬픈 추억'이다.

원산지는 중국으로 석산石蒜, 이별초離別草, 환금화換金花라고도 하고, 홀로 살아야 하는 스님들의 신세라 하여 중무릇, 또는 중꽃이라고 부르기도 한다. 주로 절에서 재배했는데, 이는 비늘줄기의 녹말을 불교 경전의 제본, 탱화 표구, 고승들의 진영眞影을 붙이는 데 접착제로 사용했기 때문이다.

비늘줄기는 넓은 타원형으로 겉껍질이 검은색이다. 인경(鱗莖, 비늘줄기)을 석산이라 하여 약용하는데, 여기에는 알카로이드의 독성이 있어 토하게 하거나(진해 거담제) 찔린 상처에 약으로 이용한다.

흔히 사람들이 혼동하는 석산과 상사화*Lycoris squamigera*의 차이

점을 간략히 보면, 우선 꽃 색이 다르다. 석산은 붉은색이지만, 상사화는 분홍색이나 노란색이다. 다음으로 상사화는 6월경 개화하고 석산은 이보다 조금 늦게 핀다.

석산이 속한 수선화과는 90속 1,300종으로 열대와 아열대에 분포하는데, 우리나라에는 수선화나 백양화 등이 있다.

97 큰잎 바시아/인디언 버터나무

학명 *Madhuca latifolia*, *Bassia latifolia*, *Madhuca longifolia*

과명 산람과/Sapotaceae

국명 큰잎 바시아, 마두카

영명 Mahua, Indian Butter Tree, honey tree, butter tree

불교 경전 속에서의 이름 마두摩頭, 말도가末度迦
원어명(산스크리트어) Madhuka

『선견율비바사』 17, 『구사론』 18

중북부 인도 평원에 널리 서식하고 있는 이 나무는 속성수로 20미터까지 자라는데, 최근 화장품의 원료로 매스컴에서 각광받고 있는 쉬어버터와 같은 과의 버터나무이다. 이 버터나무는 목재로서도 중요할 뿐 아니라 맛있고 영양가 있는 꽃을 가졌기 때문에 중부 인도 사람들에게는 매우 중요한 먹거리를 제공하는 영양의 보고로 인식되는 나무이기도 하다. 열매는 갈색 종자에 상당히 크며 다육질인 녹색이다.

마두카 기름은 세정 비누로 이용되며, 씨는 류머티즘에 연고로서의 역할을 할 뿐 아니라 겨울철 피부 갈라짐을 방지해 피부를 부드럽게 하고 헤어 오일로서도 유용하다. 기름을 짠 찌꺼기는 유기 비료와 살충제로 이용 가능하다.

꽃은 식초와 술 만드는 재료로 이용하고, 꽃의 즙은 불안장애를 치료하며, 종자 페이스트는 근육 피로와 관절의 통증을 완화시킨다.

또한 수피를 달인 즙은 출혈과 궤양에 효과가 있으며, 오일을 복용하면 변비 해소는 물론 단풍이 든 잎은 습진 치료에 효과가 있다고 알려져 있다. 목재 역시 건축이나 산업용으로 유용하여 어느 것 하나 버릴 것이 없는 나무인 것이다.

버터나무라 부르는 종류들은 학명이 *Butyrospermum parkii*인 산람과의 쉬어버터(sher butter tree)와 네팔과 인도에서 자라는 바시아*Bassia butyracea*, 아프리카 서부에서 자라는 물레나물과의 펜타데스마*Pentadesma butyracea* 등이 있으며, 모두 종자에 매우 유용한 지방분을 함유하고 있다. 이 나무가 속한 산람과는 약 65개 속, 800여 종의 상록수와 관목을 포함하고 있으며 전 열대 지역에 분포한다.

98 님나무/인도 고련목

학명 *Melia azadirachta*, *Azadirachta indica*

과명 멀구슬나무과

국명 님나무, 인도 고련목苦楝木, 치목齒木, 정치목淨齒木

영명 Neem, Nim, Nimbay, Indian Cedar, Indian-Lilac

불교 경전 속에서의 이름 임파수紝婆樹, 임파任婆
원어명(산스크리트어) Pakvakrita, nimbaka, Nimba

『비니모경』, 『미린다왕문경』, 『범망경』 3장-37

불교에서의 님나무는 자비 사상과 결합하여 관세음보살로 함께 등장하는데, 자비로운 관세음보살이 언제나 버드나무(님나무) 가지를 들고 있거나 병에 꽂아 들고 있는 모습이며, 버드나무(님나무)가 있는 수류관음보살도가 고려불화들 중 걸작으로 꼽히기도 한다. 불교 용구에서도 이 나무가 경전함이나 향로 등의 장식 문양으로 자주 활용된다. 『비니모경』에는 치목양지에 관한 내용이 있는데, 일설에는 양지가 흔히 우리가 아는 버드나무라는 설이 있으나, 버드나무의 식생 환경으로 본다면 적합하지 않은 부분이다.

님나무의 열매는 식용 가능하며 민간 약재로도 이용한다. 아유르베다에 따르면 님나무의 수피와 잎은 바틱 장애를 치료하는 데 도움이 된다고 하고, 열매에서 추출하는 님 오일은 특유의 향이 있으며 피부나 머리카락의 부드러움, 윤기, 탄력을 유지시키는 역할을 해주어 비누, 샴푸, 크림, 오일, 치약, 마사지 팩, 건강보조식품 등으로 이용하고, 씨는 구충제로 사용되며 해독 작용이 있다.

님나무의 주요 성분인 아자디라크틴azadirachtin은 곤충의 성장, 생식에 영향을 미쳐 생물방제용으로 유용하게 사용되고 있다.

인도에서는 예로부터 님나무를 '마을의 약방' 혹은 '축복받은 나무', '모든 질병을 치료하는 나무'라고 일컬을 정도로 치료제나 살충제로 사용해 왔으며, 님나무 가지를 문 앞에 걸어 질병을 막기도 하고, 뜰에 님나무를 심어 공기를 정화시키기도 하였다. 새해 첫날 한 해의 건강을 위하여 님나무 잎과 꽃, 야자 즙으로 만든 설탕, 망고를 섞어서 만든 음료를 마시는 풍습도 있을 만큼 님나무는 오랜 세월 인도인들과 삶을 함께해 온 나무이다.

또 인도 사람들은 인도 요리의 쓴맛을 내는 향신료로 님을 이용하기도 하고, 식후의 소화를 돕기 위해 님 씨앗을 복용하기도 하였으며, 의류나 서적의 해충 피해를 막는 데도 이용하였다.

특히 님나무의 작은 가지를 꺾어 칫솔로 대용함으로써 입안을 살균하고 잇몸을 튼튼하게 하며, 충치가 해결이 되고 미백효과까지 얻을 수 있었으므로 인도 고련목 외에 치목, 정치목이라는 이름으로도 부른다.

님나무는 반 상록의 큰 나무로 아열대 및 열대지방에서 많이 자라는데 그 50퍼센트 이상이 인도에 서식하고 있다.

님나무와 자주 혼동하는 나무로 우리나라의 멀구슬나무가 있다.

님나무는 멀구슬나무와 같은 멀구슬나무과의 식물이다. 멀구슬나무는 고련목이라고도 부르며, 일본에서 들어온 나무로 알려져 있다. 님나무는 *Melia azadirachta* 또는 *Azadirachta indica*가 학명이며, 멀구슬나무는 *Melia azedarach var. japonica*이다. 님나무의 영명은 Neem이고 멀구슬나무는 persian lylic, Bead tree이다.

두 나무의 꽃 색을 보면, 님나무의 꽃이 흰색인데 비해 멀구슬나무는 자주색이다. 멀구슬나무의 줄기를 벗겨서 말린 것을 '고련피苦楝皮'라고 하며, 그 열매를 말린 것을 고련자苦練子 혹은 천련자川練子, 금령자金鈴子라고 하는데, 천련자는 잎이 사물을 부드럽게 연

마시켜 주기 때문에 연楝이라는 명칭이 붙었다고 한다. 열매는 작은 방울같이 생겼고 익으면 황색이 되기 때문에 금령金鈴이라는 이름을 얻게 되었다고 하며, 뿌리의 껍질은 고련피苦楝皮라고 한다. 천련자는 간의 기운을 순환시키고 통증을 완화시키며 살충 효과가 있다.

금령자, 고련자, 연수과楝樹果, 연실楝實, 연자楝子, 석수유石茱萸, 연실練實, 인조仁棗, 천련수자川楝樹子라고도 하는 멀구슬나무는 뿌리껍질을 외용하는 경우가 드물게 있는데, 『본초도감』 등에는 과량복용하면 위험하다고 기록되어 있으며, 우리나라에서도 독성식물로 분류되어 있다.

99 무환자나무/노귀목

학명 *Sapindus mukorossi*

과명 무환자無患子나무과/Sapindaceae

국명 무환수無患樹, 노귀목盧鬼木, 황목수黃目樹

영명 Soapberry, Soapnut Tree, Reetha, Washing nuts

불교 경전 속에서의 이름 아리탁阿梨吒, 아리금탁阿梨琴吒, 아리금가자阿梨琴迦紫

원어명(산스크리트어) Aristaka

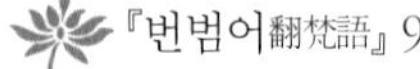
『번범어翻梵語』 9

무환자나무는 열대 아시아가 원산지로 열대지방에서는 상록수이지만 추운 지방에서는 낙엽이 지는 나무이다. 열매는 황갈색으로 익는데 속에 들어 있는 검은색의 구슬 같은 씨는 염주를 만드는 데 사용한다. 무환자나무로 기구器具를 만들어 사용함으로써 귀신이 접근을 못하도록 하는 방책으로 사용하게 되었다는 것에서, 우환을 없애므로 무환수無患樹라 하게 되었고, 그로 인하여 통념적으로 무환자나무는 귀신을 물리친다고 믿게 되어 불교에서는 이 씨로 염주를 만든다는 것이다.

이 나무는 태우면 좋은 향기가 나며 목침을 만들기도 하는데, 이 역시 삿된 기운을 없앤다는 의미가 크다. 줄기의 속껍질과 열매껍질에는 많은 양의 사포닌 성분이 들어 있어서 옛날에는 비누 대용으로 빨래하는 데 이용하였고 이 때문에 세수과洗手果라는 별명으로도 부르며, 머리를 감는 데도 사용하였다고 한다.

종자의 다른 이름은 무환자無患子, 환자槵子, 목환자木患子, 보제자菩提子 등으로 부르며, 나무는 무환수無患樹, 노귀목盧鬼木, 황목수黃目樹 등의 여러 이름이 있다. 과육은 연명피延命皮라고도 하며, 종자와 껍질, 어린 가지와 잎, 열매 과육, 종자 속의 인(無患子中仁)을 모두 약용하는데, 편도선염, 천식, 식체, 치통과 거담제 등 다양한 약리 효과가 있는 나무이다.

무환자나무과는 130속 1,100종으로 열대지방에 많고 온대지방에는 적어 우리나라에서는 2속 2종이 자라는데, 무환자나무가 대표적이다. 열대과수로 우리 주변에서도 익숙하게 볼 수 있는 용안(Euphoria)과 리치Litchi 등이 이 과에 속한다.

100 소마

학명 *Sarcostemma brevistigma* & *Sarcostemma intermedium*

과명 박주가리과/Asclepiadaceae

국명 소마

영명 Creeping Milk-Hedge, Hindi-Somalata

불교 경전 속에서의 이름 소마(蘇摩, 素摩)
원어명(산스크리트어) *Sarcostemma brevistigma*/Soma
Sarcostemma intermedium/Somalatha, somavali

『불공견삭신변진언경』, 『공작왕주경』 하

소마는 4대 베다 중 하나인 『리그 베다』에 '신의 환상적 음료'로 기술되어 있다. 풍부한 육즙을 가진 이 식물과 함께 박주가리과 식물인 Milk broom(*Periploca aphylla*)도 성스러운 의식에서 사용되기도 하였는데, 매독 치료와 구충제로도 효과가 있다고 알려져 있다. 산스크리트어로 소마라 부르는 식물은 이 외에도 몇 종이 있는데, 데스모디움(*Desmodium gangeticum*-콩과), 운향(*Ruta graveolens*-운향과), 인도손가락 기장(*Eleusine coracana*-벼과) 역시도 소마라고 알려져 있을 정도로 소마의 실체는 명확하지 않다.

101 흑판수/뽈라이

학명 *Alstonia scholaris*

과명 협죽도과/Apocynaceae

국명 흑판수, 칠엽수七葉樹, 뽈라이

영명 Blackboard Tree, Devil Tree, Dita Bark, Milkwood-Pine, White Cheesewood

불교 경전 속에서의 이름 살다반라나薩多般羅那
원어명(산스크리트어) Sapta-parna, S-cchada

흑판수는 인도 대부분 지역에서 발견할 수 있는 나무이다. 꽃은 향기로우며 녹백색이고, 잎은 진한 녹색이다. 진회색의 나무는 상록교목으로 높이 20미터 정도이다. 수간이나 가지를 자르면 다량의 유액이 나오는데 이것을 고무 대용품으로 이용하기도 한다.

목재는 내구력을 필요로 하지 않은 곳에 주로 사용하는데 주로 모형재, 악기재, 조각재, 흑판, 제도판, 성냥개비, 포장용재 등에 많이 쓰인다. 수피는 쓴맛이 있는데 인도네시아에서는 건위, 강장, 말라리아에 이용한다. 그러나 나무 전체에 독이 있는 독성식물이어서 주의해야 한다.

이 나무가 목재로 상품화될 때는 뿔라이Pulai라고 부르며, 우리나라에서도 뿔라이라는 이름으로 널리 알려져 있다. 이 속의 수종으로는 약 40여 종이 있으며 미얀마, 필리핀, 말레이, 보르네오, 인도네시아, 파푸아뉴기니, 인도, 동남아시아 대륙 및 심지어 아프리카까지 광범위하게 분포한다. 대체적으로 해발 500미터까지의 저지림이나 습지림에서 생장하며, 생장 속도가 빠른 나무이다.

102 파두/계사라화

학명 *Croton tiglium*

과명 대극과/Euphorbiaceae

국명 파두巴豆, 강자剛子, 노양자老陽子

영명 Croton Oil Plant, Purging Croton

불교 경전 속에서의 이름 계사라화計沙羅華
원어명(산스크리트어) Kesara

『혜림음의』 상, 『대일경』 2

파두巴豆라 부르는 이 식물은 대극과의 상록활엽관목으로 열대 아시아가 원산지로 중국 남부, 타이베이 이남 등지에 분포한다. 파두는 파촉巴蜀* 지방에서 생산되는데, 형태가 콩처럼 생겼기 때문에 붙여진 이름이며 정확하게는 세 가지로 분류한다. 즉 작고 탱탱하며 색이 누런 것은 파巴, 3개의 모서리가 있고 색이 검은 것은 두豆, 작고 2개의 뾰족한 끝부분이 있는 것은 강자剛子라고 부른다.

약재로서의 파두는 냄새가 거의 없으며, 맛은 맵고 성질은 뜨겁다. 강자剛子, 노양자老陽子라고도 부르는 파두는 장폐색, 복부팽만감, 호흡곤란과 종양에 사용하며, 특히 급히 설사를 시켜야 할 때 유용하지만 맵고 열이 많고 독이 있어 급한 증상이 아닐 경우에는 사용을 자제해야 한다. 특히 배가 찬 설사가 아닌 경우나 신체가 허약한 사람은 복용하지 말아야 한다. 또 탕으로는 복용하지 말고 환이나 가루약으로 만들어 복용하는 것이 좋다고 한다. 어류에 대해 해독 작용이 있으며 살충의 효과도 있다.

파두는 잘못 복용하면 사망에 이를 수 있어 신중히 사용해야 한

* 중국의 서남부를 파촉巴蜀 지방 혹은 서촉 지방이라 부르는데 파巴는 충칭(重慶) 지방을, 촉은 청뚜(盛都) 지방을 말한다.

다. 외용으로 피부에 바르면 습진이나 피부염을 유발하며, 눈에 넣었을 때는 각막에 심한 손상을 주기도 하고, 그냥 복용을 하면 구강건조나 구토, 현기증, 마비 등을 유발한다.

파두를 사용할 때는 껍질과 심, 막을 제거하고 복용하거나, 기름을 제거하고 분말 또는 작은 결정으로 만들어 사용해야 하며, 내복할 경우에는 흑색을 띨 때까지 볶거나 종이에 싸서 압착시켜 식물유를 제거한 다음 복용해야 한다.

따라서 이 식물은 우리나라 보건복지부에서 건강기능식품으로 사용할 수 없는 몇몇 약재 중 하나로 정해져 있다.

103 흰독말풀

학명 *Datura metel*

과명 가지과/Solanaceae

국명 흰독말풀

영명 Purple Horn-of-Plenty, Jimpson Weed, Devils Weed

불교 경전 속에서의 이름 노지나盧脂那, 광란狂乱
원어명(산스크리트어) Rocana

『혜림음의』 26

아메리카 대륙 열대지방이 원산지이다. 약으로 쓰기 위해 심고 있는 흰독말풀*D. metel*은 독말풀과 비슷하지만 꽃 색이 흰색이고 잎 가장자리가 밋밋한 점이 다르다.

독말풀*Datura Stramonium*이나 흰독말풀*Datura metel*, 또는 기타 같은 속의 근연식물의 꽃이 필 때 잎을 약재로 이용하는데, 만다라엽曼陀羅葉이라 하며 마취성의 불쾌한 쓴 맛이 난다. 한방에서는 흰독말풀의 꽃이 필 때 잎과 씨를 따 햇볕에 말린 것을 마취제로 이용하며 복통, 류머티즘 관절염 치료에 쓰기도 한다.

일설에는 부처님이 설법할 때 또는 온갖 부처님이 나타날 때 법열의 표시로 하늘에서 내리는 하얀 꽃이 흰독말풀이라는 설이 있고, 이 꽃을 만다라화라 한다고도 하나, 만다라화는 Mandara, Indian Coral Tree라는 이름을 가진 *Erythrina indica*라는 것이 정설이다. 흰독말풀이 속한 가지과에는 감자와 토마토, 고추, 담배 등 널리 이용되는 식물이 많다.

104 철력목/아이언 우드

학명 *Mesua ferrea*, *Mesua nagassarium*

과명 물레나물과/Guttiferae

국명 철력목鐵力木, 아이언 우드

영명 Cobra saffron, Ceylon ironwood, Indian rose chestnut, Nag Kesar

불교 경전 속에서의 이름 계사라화計沙羅華

원어명(산스크리트어) Kesara, Nagakesara

『혜림음의』 상, 『대일경』 2

철력목鐵力木은 계사라화라고도 부르며, 목질이 우수하고 매우 아름다운 나무지만 널리 알려지지는 않아 조경용으로 흔히 이용되는 나무는 아니다. 그러나 인도에서는 이 나무를 집안에 심으면 그 이전에 잘못된 방향으로 심은 나무의 불길한 기운을 바로잡아 주는 상서로운 나무로 인식되고 있다.

목질이 단단하여 교량목으로 이용하며, 기름은 피부 질환의 치료에 이용한다. 아유르베다 의학에서는 발열, 가려움증, 두통, 혈액과 심장 문제, 인후통, 기침, 딸꾹질, 구토, 이질 등에 사용한다고 전한다. 종자는 매모랑埋摸朗이라 하는데, 살충제로 이용할 정도로 독성이 있어 약용할 때 양을 잘 조절해야 한다.

이 나무는 야생하거나 혹은 열대지방에서 재배되는데, 높이는 15~20미터 정도이다. 중국에서는 광동, 해남, 광서, 운남 지방에서 재배한다.

105 협죽도/유도화

학명 *Nerium indicum, Nerium oleander*

과명 협죽도과/Apocynaceae

국명 유도화柳桃花, 협죽도夾竹桃

영명 Rose-Laurel, Sweet scented Oleander, Common Oleander, Rose-Bay

불교 경전 속에서의 이름 가라비라迦羅毘囉樹, 갈마미라羯羅微囉

원어명(산스크리트어) Karavira

『불설다라니집경』

인도가 원산지인 협죽도는 우리나라에서도 제주도를 비롯한 남부 지역에서 울타리 및 정원수 등으로 심고 있다. 잎은 버드나무 모양이며, 꽃이 복숭아의 꽃과 비슷하여 유도화柳桃花라고도 부른다. 버들잎 같은 두텁고 좁은 잎과 가는 줄기, 아름다운 꽃을 가진 상록 관목이어서 관상용, 특히 정원수로 많이 이용되며, 한방에서는 가지, 잎, 꽃 등을 강심제 및 이뇨제, 고혈압 약제로 이용된다. 그러나 꽃은 물론 잎, 줄기, 뿌리 등에 독이 들어 있고, 특히 뿌리는 독성이 가장 많아 뿌리가 닿은 물만 마셔도 중독이 된다고 한다.

외국의 문헌에 의하면 유도화 줄기로 꽂은 고기를 먹고 사람이 사망에 이르렀다는 보고도 있으며, 한 장의 잎만으로도 중독이 되고, 마른 잎도 독성이 남아 있을 정도의 맹독성식물이다.

꽃은 빨간 겹꽃이 보통이나 흰색, 노란색 등도 있고, 서양의 유도화는 지중해 연안이 원산지로서 흰색, 빨간색, 보라색 등 꽃 색깔이 다채롭다. 이 식물은 협죽도과이며, 우리나라에는 일일초와 함께 정원 식물로 많이 이용하는 마삭줄이 있다.

106 피마자/아주까리

학명 *Ricinus communis*

과명 대극과/Euphorbiaceae

국명 피마자蓖麻子, 아주까리

영명 Caster Oil Plant, Castor Bean, Ricin, Wonder Tree

불교 경전 속에서의 이름 이란伊蘭, 이라伊羅, 이라발다라伊羅鉢多羅, 이라발라伊羅鉢羅, 이라엽伊羅葉, 이라발라伊羅拔羅

원어명(산스크리트어) Eranda, Eravada

『증일아함경』, 『대반열반경』, 『화엄경』 66, 『현응음의』 11·12, 『혜림음의』 12·25, 『불본행집경』 38, 『불설관불삼매해경』 1, 『번역명의집』 7, 『가섭선인설의여인경迦葉仙人說醫女人經』

피마자는 『증일아함경』에서 부왕을 죽이고 왕권을 탈취한 아세사가 후에 죄를 뉘우치고 불교에 귀의한 것을 두고 "마치 악취를 풍기는 피마자나무에서 향기로운 단향나무가 자라는 것과 같다"고 이르는 것처럼, 불교 경전에서는 좋은 의미의 식물로 기록되고 있지는 않지만 불교와 관련이 매우 깊은 식물이다. 피마자기름이 썩으면 냄새가 상당히 지독하다고 적고 있는데, 40유순(1유순由旬은 약 15킬로미터의 거리)까지 그 악취가 진동한다고 하며, 독을 가진 피마자나무를 번뇌에 시달리는 인간으로 비유해, 악취를 풍기는 피마자에서 단향의 싹이 나오는 것처럼 악업을 행한 사람도 부처님께 귀의하면 구제를 받을 수 있다는 점 또한 강조하고 있다.

기원전 4,000년경의 고대 이집트의 유적에서 피마자 씨가 발굴된 것으로 보아 당시에 이미 등유 또는 의약품으로 쓰였다는 것을 알 수 있는데, 인도에서는 피마자 씨 기름을 등불의 기름과 약으로도 사용하였고 지금도 기름을 인주, 공업용 윤활유 등으로 이용하고 있다.

또한 인도에서는 아주까리 잎을 먹여 피마잠蓖麻蠶을 치는데, 아주까리누에는 큰 고치를 지으며 비단보다 질긴 천연섬유를 생산한다. 피마잠에서 얻은 섬유로는 최고급 외투나 양탄자를 짜며 고대 인도 왕실에서도 사용하였다.

이 식물은 독성이 있으나 상업적으로도 매우 유용해서, 피마자유는 제약용, 산업용으로 사용하며, 열두 갈래로 갈라진 부채 모양의 멋지고 큰 잎 때문에 조경용으로도 심는다. 피마자유는 약리 효과가 매우 뛰어난 것은 물론 종자에서 리치놀산을 분해하고 남은 것이 에난톨로, 고급 향수의 원료로 이용되기도 한다.

한방에서는 피마자기름을 변비 치료용 설사약으로 쓰고, 볶은 기름을 식중독, 급성 위장염, 이질 등에 이용하며, 피부염 및 기타 피부병 치료 작용이 있음이 입증되었다. 우리나라의 경우 피마자 잎을 잘 말려 정월 대보름에 쌈으로 먹는 음식으로 활용하였다.

피마자 씨(비마자蓖麻子)를 먹으면 설사 작용이 일어나는데, 씨를 날로 먹을 때는 독성이 강하지만 열처리하면 독성이 거의 없어진다. 피마자 독의 치사량은 상당해서 어린이의 경우 씨 5~6알이면 사망에 이를 수도 있다고 한다.

피마자는 인도·소아시아·북아프리카가 원산지로 우리나라에서는 일년초이지만 원산지에서는 나무처럼 단단하게 자라는 여러해살이풀이다.

피마자는 독성식물이 많이 있는 대극과의 식물이며, 우리나라에는 등대풀과 굴거리나무 등이 있는데, 크리스마스 때 각광받는 포인세티아나 가정에서 많이 키우는 꽃기린 등이 이 과에 속한다.

107 마전자나무

학명 *Strychnos nux-vomica*

과명 마전과/Loganiaceae

국명 마전자馬錢子나무

영명 Nux-Vomica Tree, Poison Nut, Snake-wood, Strychnine Tree

불교 경전 속에서의 이름 가라가迦羅迦, 독진두가毒鎭頭迦

원어명(산스크리트어) visa tinduka, Kuchla, Kupilu

『대반열반경』 6권 「사의품四依品」, 『정법염처경』 68, 『대승이취육바라밀다경』 8 , 『혜림음의』 41, 『현응음의』 11

불교 경전 속에서 진두가(인도감)와 혼동되어 쓰이는 가라가는 사실 감나무과인 진두가와는 전혀 다른 종류이다. 잎은 진두가가 긴 타원형인데 비해 가라가는 둥글고, 열매의 모양도 조금 차이가 있는데도 단지 열매의 크기가 비슷한 데서 착오가 생긴 것으로 여겨진다.

가라가의 씨에서는 독극물인 스트리키니네를 뽑아 의약품을 만든다. 인도의 원주민 중에는 가라가 씨에서 추출한 독을 화살촉에 묻혀 사냥할 때 이용하기도 했다.

이 나무는 인도·미얀마·오스트레일리아 북부 등지에 분포하는 낙엽교목이며, 종자에 독성 알칼로이드인 스트리크닌strychnine과 브루신brucine이 있는데, 신경성 설사, 무력성 소화불량 및 신경쇠약 등을 유발하며, 극약이어서 쥐약을 만드는 데도 사용한다.

마전과는 열대와 아열대에서 자라는 초본과 목본 등 32속 800종을 포함하며, 대개 독이 있고 약용藥用, 관상용觀賞用으로 심는 종류들이다. 우리나라에는 영주치자와 벼룩아재비 등 2속 3종이 자라며 원예종으로는 부들레야Buddleja가 있다.

108 크레이프 자스민

학명 *Tabernaemontana coronaria*

과명 협죽도과/Apocynaceae

국명 크레이프 재스민, 삼우화三友花

영명 Crape Jasmine, Adam's Apple, Nero's Crown, Coffee Rose, Crepe Gardenia

불교 경전 속에서의 이름 다갈라多揭羅, 다가라多伽羅, 다가류多伽留, 영릉향零凌香

원어명(산스크리트어) Tagara

『법구경』 4 「화향품華香品」, 『대무량수경』, 『최승왕경』 7, 『대반열반경』 11, 『금광명최승왕경』 6·7·15, 『광대보루각선주비밀다라니경』 7 「결단장법품」, 『대반야경』 318, 『현응음의』 1·20·21·26, 『혜림음의』 3, 『사분율』 42, 『번역명의집』 8

꽃이 재스민과 비슷하다는 이유로 크레이프 재스민이라고 부르지만, 실제로 이 식물은 재스민과는 전혀 다른 식물이다. 재스민 종류가 물푸레나무과인 데 비해 이 식물은 독성식물들이 많은 협죽도과 식물이다.

인도가 원산지로, 우리나라에서 유통되는 종류는 겹꽃 품종인 'Flore Pleno'인데, 이 종류는 열매를 맺지 못하지만 원종은 열매를 맺는 것이 가능하다고 한다. 향기도 뛰어나고 아름답기도 하지만 식물 전체에 독이 있어 식용할 수 없다. 인도 북부에서 태국까지 분포하며 1~1.5미터까지 자라는데, 직사광선이거나 반그늘에서 모두 빠르게 성장하는 식물이며, 향은 저녁에 더 두드러진다. 잎은 상록인데 수액이 흰색이어서 이 속의 식물을 보통 milkwood(우유나무)라고 부른다.

참고 문헌

Ⅰ. 오프라인 문헌

1. 불교학

박상진, 『나무에 새겨진 팔만대장경의 비밀』, 김영사, 2007.

정각, 『인도와 네팔의 불교 성지』, 불광출판부, 1993.

차창룡, 『나는 인도에서 붓다를 만났다』, 북하우스, 2010.

2. 철학

한자경, 『불교철학의 전개-인도에서 한국까지』, 예문서원, 2003.

권오민, 『인도철학과 불교』, 민족사, 2004.

3. 식물학

민태영 외, 『경전 속 불교식물』, 이담북스, 2011.

방지환, 『열대 아열대 과수의 재배법』, 아카데미 서적, 2002.

윤주복, 『열대나무 쉽게 찾기』, 진선출판사, 2011.

김성수, 『한국의 조경수목』, 기문당, 2007.

이동혁, 『오감으로 찾는 우리나무』, 이비락, 2007.

이창복, 『성서식물』, 향문사, 1994.

남대극, 『성경의 식물들』, 삼육대, 2008.

화구박륭, 『불교식물사전』, 동경: 國書刊行會, 1992.

중촌 원, 『불교식물 산책』 동경: 東京書籍, 1986.

아카누마 도시하루, 박종한 역, 『물의 요정 수련의 세계』, 김영사, 2007.

왕만·리상즈·리궈타이, 박종한 역, 『연꽃의 세계』, 김영사, 2007.

박상덕 저, 『정금에 싸인 가시나무』, 한국장로교출판사, 2005.

배기환, 『한국의 약용식물』, 교학사, 2000.

박종철, 『약이 되는 열대과일』, 푸른행복, 2013.

4. 식물 분류 및 자원식물학

이영노, 『한국의 식물도감』, 교학사, 1996.

강삼식 외, 『자원식물학』, 방송대출판부, 2008.

Beryl B. Simpson · Molly C. Ogorzaly, 박기룡 외 2인 역, 『자원식물학』, 교보, 2011.

강병화 외, 『자원식물학』, 향문사, 2011.

박석근, 정미나, 『원예자원식물학』, 이담북스, 2012.

5. 한의학

『한약생약규격집』, 2008.

김호철, 『한방식이요법학』, 경희대학교 출판문화원, 2003.

네모토 유키오 저. 안승준 역, 『실용동양 의학』, 당그래, 2012.

6. 기타

이병욱, 『한권으로 만나는 인도』, 너울북, 2011.

류경희, 『인도 신화의 계보』, 살림, 2003.

팀 파워즈, 이동현 역, 『아누비스의 문(도둑맞은 역사를 찾아 떠난 시간여행 이야기)』, 웅진지식하우스, 2007.

시부사와 다쓰히코, 오근영 옮김, 『독약의 세계사』, 가람기획, 2003.

마이클 조든, 전영택 역, 『세계의 붓다』, 궁리출판, 2004.

Ⅱ. 온라인 자료

1. 경전 및 범어 검색

동국역경원 http://www.tripitaka.or.kr

고려대장경연구소 http://www.sutra.re.kr

동국대 전자불전문화콘텐츠연구소 http://ebti.dongguk.ac.kr

팔리어 경전 the Great Western Vehicle http://www.greatwesternvehicle.org

범어 경전.Digital Sanskrit Buddhist Cannon http://www.dsbcproject.org

Sanskrit dictionary for spoken Sanskrit http://spokensanskrit.de

Jayafu Samskrtam http://cafe.naver.com/sanskritvidyalaya

Tripitaka index http://www.greatwesternvehicle.org

Danta-Sanskrita www.sanskrita.org

Sanskrit dictionary for spoken Sanskrit. http://spokensanskrit.de

Monier William's Sanskrit Dictionary
http://www.sanskrit-lexicon.uni-koeln.de/mwquery

Arthur Anthony Mcdonell's Sanskrit Dictionary
http://dsal.uchicago.edu/dictionaries/macdonell

Cappeller's Sanskrit English Dictionary
http://members.chello.nl/l.bontes/sans_n.htm

Jayafu Samskrtam http://cafe.naver.com/sanskritvidyalaya

Tripitaka index http://www.greatwesternvehicle.org

Danta-Sanskrita www.sanskrita.org

2. 식물 검색

IPNI(International Plant Names Index) http://www.ipni.org

IBP(India Biodiversity Portal) http://indiabiodiversity.org/

中藥大辭典(Dictionary of Chinese Herbs) http://alternativehealing.org

국가식물표준목록 Korea Plant Names Index www.nature.go.kr

국가 생물종 지식정보시스템 Korea Biodiversity Information System
http://www.nature.go.kr/wkbik0/wkbik0003.leaf

한국전통지식포탈 http://www.koreantk.com

CIA국가핵심정보사전
https://www.cia.gov/library/publications/the-world-factbook/index.html

Tropical plant database http://www.rain-tree.com

flora singapura http://florasingapura.com

efora.org http://www.efloras.org

Smithsonian National Museum of National History http://botany.si.edu

zipcodezoo http://www.zipcodezoo.com

University of Michigan Herbarium http://www.michiganflora.net

Royal botanic garden http://www.kew.org

한국의 야생화 http://www.yasangwha.co.kr

Encyclopedia of Ayurvedic Medicinal Plants.
http://www.indianmedicinalplants.info

세계생물다양성 정보기구 Global biodiversity information facility
http://www.gbif.org

Natural History museum www.nhm.ac.uk

International Union for Conservation of Nature and Natural Resources
http://www.iucnredlist.org

Encyclopedia of Ayurvedic Medicinal Plants
http://www.indianmedicinalplants.info

Learning about nature through photography http://www.treknature.com

Tuepflis Global Village Library www.payer.de

Top tropicals www.toptropicals.com

Flowers in Israel www.flowersinisrael.com

PALM Web http://palmweb.org

The Himalaya Drug Company http://www.himalayahealthcare.com

3. 논문 검색

〈티베트불교관련 정보〉 http://www.dharmadownload.net/

〈일본(인도학불교학) 논문〉 http://www.inbuds.net/kor/index.html

〈국회도서관〉 http://www.nanet.go.kr/03_dlib/01_datasearch/datasearch.jsp

〈동국대 전자불전문화콘텐츠연구소〉 http://ebti.dongguk.ac.kr

〈한국학술연구정보 서비스〉 http://www.riss.kr

〈간행물 검색〉 http://www.dbpia.co.kr/

〈학술지 검색〉 http://search.koreanstudies.net/

경전 속에서의 식물명 찾아보기

민태영 閔泰瑛 |

건국대학교 대학원에서 생명자원 식품공학을 전공하였다.

플로리스트로서 원예치료사와 가든플래너, 건국대학교 미래지식교육원 실내정원과정 강사로 활동하였으며, 한국식물원연구소 부소장을 역임하였다.

현재 한국불교식물연구원 원장, 한국불교식물컨텐츠연구소 소장, 불교식물 칼럼니스트로 활동하고 있다. 대한불교조계종 불교여성개발원 여성불자 108인이며, (사)한국자원식물학회 상임이사를 맡고 있다.

저서로 『경전 속 불교식물』(2011)이 있다.

홈페이지 : www.한국불교식물연구원.com

e-mail : tymin62@naver.com

마음을 밝히는 붓다의 식물 108가지

초판 1쇄 인쇄 2014년 1월 2일 | **초판 1쇄 발행** 2014년 1월 7일

지은이 민태영 | **펴낸이** 김시열

펴낸곳 도서출판 운주사

(136-034) 서울 성북구 동소문동 4가 270번지 성심빌딩 3층

전화 (02) 926-8361 | **팩스** 0505-115-8361

ISBN 978-89-5746-364-2 03220 값 18,000원

http://cafe.daum.net/unjubooks 〈다음카페: 도서출판 운주사〉